CATHERINE DUMONTEIL-KREMER

Relations frères-sœurs

Du conflit à la rencontre

jouvence
EDITIONS

Du même auteur…

Poser des limites à son enfant, Éd. Jouvence, 2004
Élever son enfant… autrement, Éd. La Plage, 2003

Extrait du catalogue Jouvence

Apprenez à écouter, Christel Petitcollin, 2006
De la thérapie de l'ego à la quête de l'âme, Joy Manné, 2005
Pratique de l'ennéagramme,
Thierry Lalot & Marie-Christine d'Onofrio, 2005
La puissance de la cohérence,
Paul Pyronnet & François Roux, 2005
Au diable la culpabilité, Yves-Alexandre Thalmann, 2005
Les clés de l'harmonie familiale, Christel Petitcollin, 2004
Le défi de l'adolescence, Don Dinkmeyer senior et junior
& Gary D. et Joyce L. McKay, 2004
Apprendre à pardonner, Chantal Calatayud, 2003
L'empathie, le pouvoir de l'accueil,
Jean-Philippe Faure & Céline Girardet, 2003
Déjouer les pièges de l'ego, Daniel Maurin, 2003
Bien communiquer avec son enfant,
Christel Petitcollin, 2003
La colère, cette émotion mal-aimée,
Serge & Carole Vidal-Graf, 2002
Oser être soi, Eva Arkady, 1997

Illustration de couverture: Jean Augagneur
Maquette de couverture: Dynamic 19, Thonon-les-Bains (74)
Composition: Nelly Irniger, Fillinges (74)

ISBN 2-88353-512-4
ISBN 978-2-88353-512-1

SOMMAIRE

« Chaque enfant est une aventure vers une vie meilleure – l'occasion de changer le vieux modèle et de le renouveler. »

Hubert H. Humphrey

Introduction

Si quelque chose m'a mise à rude épreuve dans mon rôle de mère, c'est bien le défi qui consiste à accompagner plusieurs enfants. Je me suis de nombreuses fois arraché les cheveux face aux conflits entre mes enfants, aux disputes à n'en plus finir pour des détails qui me paraissaient sans importance, aux inimitiés que je croyais définitives, à la lutte quasi permanente pour mon attention. J'y ai perdu une énergie incroyable, mais j'y ai – comme toujours quand il s'agit de ma famille – énormément appris. Voici le fruit de mon expérience, de mes découvertes, assorti de témoignages de parents que je trouve très parlants. J'espère sincèrement qu'ils vous aideront à prendre en main votre vie avec plusieurs enfants, à comprendre que cette vie communautaire qu'est la vie de famille se prépare dès la naissance du premier bébé.

Mon parcours de mère est loin d'être achevé, je vis toujours avec des enfants qui se querellent, mais je me sens bien moins démunie que je pouvais l'être à 25 ans. Mes enfants m'ont poussée à évoluer, et je les en remercie, je leur dois toutes les réflexions qui me conduisent ici à partager avec vous un peu de ce qui m'a aidée dans ma fonction de mère de famille nombreuse. Plusieurs enfants ce sont aussi de grandes joies qui s'additionnent pour donner infiniment plus que la somme de leur partie.

1
Naissance de la famille

L'arrivée du second ou la naissance d'une fratrie

Entre le premier et le second enfant règne une espèce de flou artistique qui attise la curiosité. Qui parmi vous n'a jamais entendu la question : « Alors, c'est pour quand le second ? » La naissance de notre premier enfant nous a rendus tout à fait passionnants pour notre entourage. Des conseils nous ont été donnés à peu près sur tous les sujets avec les meilleures intentions qui soient. L'arrivée tardive d'un hypothétique, mais obligatoire second inquiète ou, au mieux, interroge nos proches. Le spectre de l'enfant unique, cet enfant roi, seul, vu comme un égoïste qui ne saura jamais partager, est inacceptable pour la majorité. Nous voilà donc mis en demeure d'avoir plus d'un enfant au risque de faire du premier un malheureux définitif doublé d'un inadapté relationnel. Même si nous n'avons cure de toutes ces pressions, il est très possible que l'argument « enfant unique seul et triste » fasse écho à notre réflexion.

L'enfant unique, notre premier né

Toutes les fratries (hormis les fratries gémellaires) commencent par un enfant unique, pendant un certain nombre d'années. Le premier c'est l'enfant qui nous apprend tout de notre rôle de parent, il focalise toute notre attention, nos inquiétudes, nos espérances aussi. Il est le premier à réveiller nos détresses passées. Il révèle en nous un amour immense qui quelquefois dépasse tout ! Nombreux sont les parents qui décrivent le jour de la naissance de leur premier enfant comme le plus beau jour de leur vie. Dans la plupart des cas, la naissance est bouleversante et fascinante. Les premiers jours nous sommes parfois dans un état second, et ce d'autant plus quand la venue au monde de cet enfant a été respectée.

Pour ma part, ma première fille m'a surtout appris que, contrairement à ce que je pensais, je ne savais absolument rien sur les besoins d'un bébé, malgré ma profession, mon expérience et mes études universitaires, rien ne m'avait préparée à devenir parent. Ce fut un énorme changement à tout point de vue. Les seuls soutiens que j'avais étaient mes parents, mes amis, et les professionnels de santé en qui j'avais une confiance aveugle. Dans ce flot de conseils, de critiques, de suggestions pas toujours adaptées, ces derniers me semblaient fiables et « raisonnables », j'avais l'impression qu'ils étaient objectifs. Mon chemin de parent s'est fait jour après jour, et même minute après minute, entre la fatigue, le doute : « Est-ce que je fais bien pour elle ? », le désespoir : « Je n'y arriverai jamais », « Que va-t-elle devenir si je loupe le coche ? », et les multitudes de « pourquoi » : « Pourquoi pleure-t-elle ? », « Pourquoi continue-t-elle à se réveiller la nuit ? », « Pourquoi n'aime-t-elle pas la soupe que j'ai préparée spécialement pour elle ? », « Pourquoi ne marche-t-elle pas à seize mois ? Et sa première dent : elle a un an et elle n'en a toujours pas ? »

Je ne veux pas faire de liste exhaustive, un livre n'y suffirait pas. Mais entre la richesse de mon amour et la volonté de « bien » faire pour mon enfant, le fait qu'il soit devenu une priorité pour son père et moi, que nous l'aimions plus que tout et voulions tout faire parfaitement, le doute s'insinuait très souvent en nous, nous étions parfois inquiets à l'idée de « mal » faire.

Je peux dire que cet enfant était à la fois l'objet de toutes les attentions, et en même temps, il était un centre au sens occidental du terme. Nous étions centrés sur lui, pas sur ses besoins. Nous avions tenté tous les deux d'apprendre dans les livres ce que seule notre fille pouvait nous enseigner : l'art d'être parent.

Dans son livre *The continuum concept*[1], Jean Liedloff fait référence à une idée difficilement traduisible, le « child centeredness ». En Occident, nos enfants en sont fréquemment victimes. Plutôt que de vivre avec nous, contre nous, tout en participant à nos activités quotidiennes, nos petits sont au centre de la famille, observés sans cesse, cible d'attentes quelquefois surréalistes. Ils se nourrissent, dorment, jouent aux heures décidées avec soin par les adultes alors qu'ils pourraient très bien vivre au même rythme que leurs parents tout en manifestant ce dont ils ont besoin. L'effet « child

[1] De Jean Liedoff, traduit tout récemment aux Éditions Ambre, sous le titre *Le concept du continuum.*

centeredness » peut-être amplifié lorsque nous n'avons qu'un seul enfant. Nous nous focalisons sur lui parce qu'il est seul. Il réveille nos vieilles souffrances de différentes manières. Il est alors possible qu'il reçoive une plus grande quantité de violence de la part de parents qui ne savent pas encore comment faire autrement, ces derniers ignorant peut-être d'où leur vient cette immense colère. Ils sont également fragilisés par leur entourage familial qui s'attend lui aussi à ce que les parents s'en sortent naturellement très bien et sans soutien.

Dans tous les groupes de parents que j'ai animés, se trouve une majorité qui témoigne avoir été très écrasés en tant qu'aîné. Les adultes qui se trouvent au rang de cadet parlent souvent de la violence reçue par l'aînée et du fait qu'ils avaient peur et tentaient de convenir à leurs parents de manière à éviter le traitement reçu par le plus grand. Mais lorsqu'il n'y a qu'un seul enfant, il lui sera très difficile d'échapper à ses géniteurs. Je peux témoigner également en tant que mère et en tant que professionnelle que plus on a d'enfants, moins on a de rigidité. On gagne en expérience au fil du temps et le troisième enfant n'est pas du tout élevé comme le premier l'a été. L'aîné est cependant toujours là et bénéficie aussi de ces changements. Je crois que c'est le problème majeur de l'enfant unique. Ses parents sont littéralement « sur lui » à chaque instant. Il baigne dans leurs détresses passées et présentes en quasi-permanence et comme il est seul, il subira toutes leurs inquiétudes, leur contrôle, leur violence... C'est une position difficile à mon avis, non à cause de la solitude, mais parce que les parents n'ont peut-être pas encore eu l'idée de remettre en question leur propre éducation, et ne travaillent pas encore sur eux-mêmes.

Le témoignage de Christian : de longs moments de solitude

De mon enfance de fils unique (et, circonstance aggravante, sans cousins ou autres jeunes membres de la famille proches), je garde un souvenir de solitude, de nombreux et longs jeux et activités solitaires. Et aussi l'impression d'avoir dû me construire, d'explorer et de découvrir le monde essentiellement seul. Je m'y suis résigné… Et, plus grand, j'ai recherché la solitude, j'ai pensé que j'étais mieux seul, que je m'en sortais mieux sans les autres. C'est encore une inclinaison sournoise qui resurgit de temps en temps, face à un problème ou à un autre. Cette solitude d'enfant que je n'ai pas choisie, il m'a fallu croire plus tard que j'en avais besoin, que c'était ça qui me convenait. Et pourtant, toute une partie de moi appelait à la présence régulière d'autres de mon âge : ado, j'insistais auprès de mes meilleurs amis pour qu'ils passent la nuit à la maison ; jeune adulte, j'adorais cohabiter avec un ou plusieurs amis ! Aujourd'hui, je crois aussi qu'être fils unique m'exposait trop entièrement, trop exclusivement à mes parents ; j'étais seul face à eux deux, confrontés pleinement à leurs désirs, à leurs peines, à leurs difficultés. Je crois qu'un frère ou une sœur aurait permis de construire à deux un monde à nous qui aurait atténué la prégnance des parents, aurait permis à l'un et l'autre de souffler par moments, de ne pas être en prise directe et permanente avec eux. Enfin, aujourd'hui je regrette d'être seul (encore !) dans ma lignée, le dernier dépositaire d'un nom et d'une histoire familiale. J'aurais aimé les partager avec un frère ou une sœur…

Enfant unique : une position privilégiée ?

Le versant positif de la situation de l'enfant unique est qu'il a une véritable chance d'obtenir l'attention dont il a besoin. Et quand ses parents sont informés de ce qu'est la vie d'un enfant, sa dignité, son développement, et qu'ils ont déjà commencé un travail sur eux-mêmes, ils vont être capables de lui donner beaucoup en matière de soutien et d'amour. J'ai beaucoup entendu que les enfants uniques sont choyés par leur famille, gâtés… Sont-ils gâtés au sens matériel du terme – couverts de cadeaux, de jouets – ou au sens relationnel du terme : obtiennent-ils de l'attention, des contacts physiques, un soutien dans leur difficulté, des jeux avec leurs parents et leurs ami(e)s ? Le fils ou la fille unique ne rencontre pas plus d'inconvénients ou d'avantages liés à sa situation. Comme tous les enfants, il a besoin de parents conscients de sa présence et de ses besoins.

Le témoignage de Claire : un seul enfant pour le moment

Oui, nous avons un enfant de quatre ans, sans ressentir le besoin d'en avoir un second, du moins pour l'instant. Pourquoi ? Pourquoi pas ! Louis, nous l'avons désiré ardemment. Il s'est un peu fait attendre, et sa naissance, c'est un peu ma révolution copernicienne à moi. J'ai découvert une intensité d'émotions insoupçonnée, une intensité de vie, un autre rythme de vie, ou plutôt je me suis réapproprié mon rythme physiologique. C'est assez bateau comme réflexion, mais combien de fois me suis-je dit : « Mais pourquoi personne ne m'a jamais rien dit de tout ça ? » Je fais partie des personnes dites

« précoces » qui ont tout fait, très vite, les études, le boulot etc. Lorsque Louis a eu deux mois, j'ai su avec certitude que je ne le confierai pas à la merveilleuse nounou que nous avions déjà trouvée. Avec l'allaitement qui roulait, ce bébé tout le temps contre moi, la douce folie d'amour m'a transformée, ralentie, j'ai découvert un autre tempo et ce sentiment si agréable de savourer ce que je vivais profondément. Accompagner un enfant en s'accordant à son pas, c'est aussi très intense, et – nous l'avons découvert après coup – peu répandu ! Notre quotidien ne ressemble en rien à celui que nous aurions imaginé il y a cinq ans. À vrai dire, si quelqu'un m'avait prédit que je plaquerais mon job passionnant pour un bébé et qu'à quatre ans je l'allaiterais, ça m'aurait fait hurler de rire ! Je peux donc comprendre que ça intrigue ! Mon compagnon me dit souvent : « Vous me manquez tous le temps, nous sommes "en série", les trois. » Il me dit souvent : « Vous me manquez tout le temps, comment imaginer qu'une autre personne me manque autant que vous ? Ce serait mortel ! » Pour ma part, je trouve que c'est juste bon comme ça, c'est une configuration qui nous convient. Nous ne ressentons aucun impératif à voir la situation changer. Nous nous laissons porter par la vie qui nous a, jusqu'à présent, menés bien au-delà de tous nos rêves les plus fous ! »

La reproduction de la violence de l'aînée sur le cadet : faire de la prévention !

Prendre soin humainement de l'enfant unique, c'est déjà faire de la prévention pour la fratrie à venir. En effet, la violence reçue par l'aîné se répercutera sur le second. La violence avérée, mais aussi la violence ordinaire, quotidienne, celle à laquelle on ne pense pas forcément, celle qui pollue tous nos gestes de manques d'attention et de délicatesse.

Comment sont les gestes quotidiens que vous effectuez de manière répétitive « pour » votre enfant? Quand j'y réfléchis, depuis sa naissance un enfant est manipulé physiquement plusieurs fois par jour, déplacé, porté, changé (si vous ne pratiquez pas l'hygiène naturelle[2]), coiffé, lavé, etc. Que lui transmettez-vous par ces contacts multiples?
Ils sont très fréquemment imprégnés de la violence que nous avons reçue enfant. Vous vous souvenez des séances de coiffage douloureuses? Des bains contraints et forcés, du savon dans les yeux parce que tous ces gestes étaient accomplis sans beaucoup de conscience?
Je vous invite aussi à réfléchir au pourquoi de tous ces gestes-là. Si nous les faisons pour et à la place de notre enfant, c'est tout simplement parce qu'il n'est pas encore capable de les faire lui-même. Imaginez que vous soyez dans l'impossibilité de vous mouvoir et de prendre soin de vous-même. Vous aimeriez probablement que l'on vous traite avec soin et respect, que l'on ménage votre dignité. Il en est ainsi de tous les enfants. Ils ont une dignité, et ils ont besoin que nous respections leur corps. Nous sommes des soutiens pour une période de temps, mais nos petits sont avides de faire seuls très vite, même s'ils sont encore maladroits et peu efficaces, ils sont en train d'apprendre à vivre leur vie.
Laissez-les donc s'occuper d'eux-mêmes à partir du moment où ils en manifesteront le besoin, restez disponibles, ils vous redemanderont de participer aux soins de leur corps surtout s'ils se sentent aimés et respectés par vos gestes.

[2] Si vous ne connaissez pas ce concept, lisez *L'hygiène naturelle de l'enfant,* de Sandrine Monrocher-Zaffarano, Éditions Jouvence, 2005.

La douceur est bel et bien rationnelle et elle pourrait présider à tous nos actes quotidiens. J'ai remarqué que j'ai été plus brutale dans des moments où j'étais pressée. C'est quelque chose que j'ai reproduit beaucoup : le fait de devoir aller vite. Mais les soins aux enfants demandent beaucoup de temps. Démêler des cheveux, changer un enfant, le baigner, c'est prendre beaucoup de temps si on veut le faire avec douceur, et c'est bien comme cela que j'ai réévalué la durée de toutes les actions quotidiennes, même si parfois la brutalité resurgit de mon sac à dos...

Imaginez que votre enfant reçoive avec sa sensibilité toute neuve cette brutalité quotidienne qui semble bien inoffensive, cela pourrait lui faire l'effet d'une véritable torture. Hélène Sallez et Bernard This évoquent cela dans leur ouvrage *Tous jaloux?*[3]. Pour eux la violence que le bébé reçoit est engrangée puis déchargée sur l'enfant né après lui, et/ou sur ses parents. L'anecdote que j'ai trouvée révélatrice à ce sujet, est celle de la petite fille qui griffait le nez de ses proches. Ces derniers s'en étonnaient, jusqu'à ce qu'ils se rendent compte qu'ils la mouchaient souvent sans délicatesse.

Votre enfant va reproduire ces micro-événements tels qu'il les ressent et non tels que vous les percevez. Il peut alors, dans ce contexte, être utile de commencer à penser aux relations frères sœurs dès la naissance de notre premier enfant.

[3] *Tous jaloux? Lorsqu'un autre enfant paraît,* Hélène Sallez et Bernard This, Éditions Belin.

2
Désir et conception

Désir d'enfant du père, désir de la mère : une alchimie très différente

Ça y est, nous le voulons ce second, enfin presque... Au sein de nombreux couples, le « nous » est plutôt un « je » qui vient généralement de la mère. Elle a peut-être été comblée par le contact avec son premier bébé, elle souhaite retrouver cette fusion qui s'effiloche avec le plus grand, elle a découvert beaucoup d'elle-même au travers de la maternité, et elle pense aussi à donner un compagnon de jeu à son enfant, à agrandir le cercle familial. Le père, lui, peut garder un souvenir difficile de tout ce qu'il lui a fallu traverser avec ce premier enfant, il est peut-être en train de se dire que les choses deviennent plus simples pour lui alors qu'il a passé des mois à se demander quand la relation avec sa femme redeviendrait ce qu'elle était « avant » ? Et cette angoisse devrait recommencer ? Les nuits sans sommeil, la demande permanente de ce petit être qui a pris toute la place ? Il est resté parfois très longtemps avant de retrouver une relation sexuelle avec sa conjointe, alors un autre enfant... La négociation sera rude. Sa femme a été si fatiguée, il s'inquiète... Et puis elle allaite peut-être encore leur enfant, comment fera-t-elle avec un nourrisson en plus ?

Ces préoccupations sont légitimes, elles ne signifient en rien que le père rejette le projet d'avoir un deuxième enfant, mais plutôt qu'il a peur de ce que sa vie pourrait devenir. Si vous avez à cœur d'accompagner vos petits en tenant compte de leurs besoins, il est essentiel pour vous de penser à ceux de votre compagnon ou compagne. Mais il vous faudra penser aussi à vos propres besoins, et à ceux de l'aîné. Le père me fait quelquefois penser à une personne un peu éloignée des hormones de la maternité à un moment donné. Quand j'entends par exemple mes amies de plus de quarante ans évoquer l'idée d'avoir encore un bébé, je dois bien avouer qu'elles sont partagées entre la terreur et l'émotion !

Il est arrivé à l'une d'elles d'être enceinte, elle me confiait ses sentiments difficiles. Ses enfants avaient tous dépassé les 12 ans, et elle se demandait avec angoisse comment elle gérerait les demandes d'un nourrisson, en particulier la nuit, elle se disait même qu'elle ne vivrait pas d'allaitement nocturne. Le souvenir de nuits agitées avec ses trois premiers enfants lui revenait en mémoire et elle cherchait désespérément et à l'avance des solutions miracles pour faire face aux cauchemars des nuits qu'elle envisageait avec angoisse. Une fois le bébé dans ses bras, toutes craintes avaient disparu, même si la fatigue était bien là, le nouveau-né avait fait sa place soutenu par les hormones du maternage (l'ocytocine notamment, voir *L'amour scientifié,* de Michel Odent, aux Éditions Jouvence).

Cependant, il a été démontré par une équipe de chercheurs[4] que le père développe aussi ces hormones en quantité moins importante, surtout s'il est proche de sa femme et de son bébé. Comment devenir proche quand on n'est pas concerné dans son corps ? Si vous êtes un père ou un futur père de nombreux moyens sont à votre disposition : la tendresse, les massages, les jeux, le fait de participer activement à la préparation à la naissance de votre bébé avec votre compagne, la présence et l'attention plus que tout autre concept sont essentielles à votre engagement.

Si vous êtes une femme et que vous lisez ce livre sans espoir de convaincre votre compagnon de devenir à nouveau père, donnez-lui du temps, de l'attention, de l'écoute. Essayez vraiment de comprendre ce qui l'inquiète. Il a peut-être le sentiment de ne pas avoir suffisamment d'énergie pour deux enfants, il est peut-être écrasé à l'avance par la charge financière qu'entraînerait la famille agrandie (dans les faits c'est souvent lui qui est pourvoyeur de fonds, cette responsabilité peut lui sembler déjà bien lourde à porter). Quoi qu'il en soit, être parent commence par une décision commune, ou par l'acceptation d'un enfant qui a « décidé lui-même » de faire sa place sans vous laisser le choix.

Négociez, partagez, décidez ensemble, soyez deux dès le début pour faire face à l'accompagnement de vos petits. Dans l'un de ses ouvrages, Aletha Solter indique qu'il faudrait être deux pour combler les besoins d'un seul enfant. Si j'en crois cette affirmation et mon expérience dans le soutien à la parentalité, notre famille occidentale réduite commence à être sérieusement dans l'embarras à l'arrivée du second enfant. Les forces exploitables sont très nettement au-dessous

[4] *Pour une parentalité sans violence,* Claude-Suzanne Didierjean-Jouveau, Éditions Jouvence, 2002.

de tous les besoins exprimés. Sur deux personnes concernées, l'une travaille, l'autre est très souvent complètement épuisée et reçoit très peu d'aide dans le but de fortifier les liens d'attachement avec les enfants présents. Dans ce contexte, peut-être pouvez-vous vous dire, avant la naissance d'un enfant, que vous vous engagez ensemble à prendre la responsabilité de sa protection. Vous en prendrez soin à deux quelles que soient les circonstances de vos vies.

Le parcours d'un père : Christian

Avoir un enfant a été un bouleversement pour moi et l'est toujours ! Sur le plan émotionnel d'abord, c'est une source nouvelle d'amour et de bonheur, une source à laquelle j'ai longtemps refusé de m'abreuver, du fait de l'image négative que j'avais de ma propre enfance. Et justement, cette naissance est aussi pour moi l'occasion, sinon la nécessité, de réexaminer mon enfance, mon rapport à mes parents, à l'éducation. Presque chaque question que je me pose à propos de mon fils Milo (« Comment me comporter dans cette situation ? ») m'offre la possibilité de me poser la même question à propos de moi (« Comment mes parents se sont comportés avec moi dans cette situation ? », et, surtout « Qu'est-ce que ça me dit sur moi-même aujourd'hui ? »).

Mon enfant agit aussi comme un révélateur de mes failles, des questions qui restent ouvertes pour moi, comme par exemple : comment puis-je être dans le présent et non projeté dans le futur ou accroché au passé ? Comment est-ce que je gère mon espace et mon temps personnel ? Quelles sont les priorités dans ma vie ? Quelles activités dois-je sacrifier ? Ainsi, la parentalité est de fait pour moi une injonction à progresser dans mon cheminement intérieur vers un mieux-être, ou, plus trivialement dit, de tenter de régler un certain nombre de mes « problèmes ». Ce mouvement n'est pas strictement égoïste, car je

crois que les problèmes que je n'ai pas résolus risquent de devenir les siens plus tard. Si je veux être un meilleur homme, c'est aussi pour être un meilleur père. Tout cela m'a amené à reprendre un travail thérapeutique sur moi-même.
Au niveau du couple, la grossesse et la naissance ont été une des plus fortes aventures que nous ayons menées ensemble, à deux, c'est un ciment qui durera longtemps j'espère. Car il est aussi soumis à rude épreuve, face à la réduction drastique du temps dont nous disposons pour nous deux, à la tendresse et aux câlins qui se sont dirigés prioritairement vers l'enfant et moins vers le partenaire, à la focalisation sur lui qui tend à détourner notre attention de l'autre, à la fatigue qu'amène l'accroissement des tâches ordinaires du foyer… Notre sexualité s'en est trouvée réduite. Après la naissance, le désir de ma compagne était souvent comme anesthésié, notamment parce que les rapports se révélaient douloureux pour elle. Étonnamment, j'étais assez en phase avec elle sur ce plan-là, parce que je ne considérais pas mes désirs sexuels comme prioritaires. Quelques mois plus tard, nous retrouvions plus d'appétit sexuel; mais, s'ils n'ont rien perdu en qualité, nos rapports restent bien moins fréquents qu'auparavant. Pour moi, la fatigue et le peu de temps disponible ont une part de responsabilité évidente; mais il y a aussi qu'entre la paternité et le travail, je me suis un peu négligé, moi, mon corps et mon esprit: et donc notre relation physique. C'est dans la perspective de tous ces bouleversements que l'arrivée d'un second enfant a aussi un aspect un peu inquiétant: me sentant déjà en manque (de temps, d'énergie, de ma compagne, de moi aussi!), vais-je être assez fort pour donner encore plus? Peut-être qu'en réalité, il ne s'agit pas de donner plus, mais c'est comme cela que cela m'apparaît… Et, sur un autre plan, j'ai du mal à imaginer que je devrai priver Milo de mon attention, de mon amour et de mon temps, parce qu'il y aura un autre enfant dans la maison. Mais je suis (nous sommes) motivé(s): je suis persuadé qu'avoir un deuxième

enfant est une décision juste pour moi, pour Nadine et aussi pour Milo, je crois que nous en tirerons tous (finalement?) du plaisir et du bonheur!

L'écart d'âge idéal

Cet écart d'âge est devenu une préoccupation pour tous les parents. Quand mettre en route le second? Au bout de trois ans? Afin que les enfants jouent ensemble? De 5 ans, mais ne seront-ils pas trop distants du fait de cette différence d'âge? Certains parents témoignent du fait que leurs enfants nés avec deux ans de différence, se sont élevés tout seul. Les miracles seraient-ils possibles? Il suffirait de concevoir un second bébé pour alléger la tâche bien lourde des parents? Nous voilà perplexes avec notre projet de second.

Pour ma part, je pense bien sincèrement que l'écart d'âge idéal n'existe pas. Les enfants ne s'élèvent pas tout seuls et ce n'est pas un compagnon de jeux qui résoudra toutes les difficultés quotidiennes.

Quelques suggestions sur l'écart d'âge

Votre corps a été bouleversé et transformé par l'arrivée du premier, vous avez dû vous adapter à son rythme. Vivre avec un bébé est une expérience riche et éreintante. Comment vous sentez-vous? Êtes-vous prête physiquement et psychologiquement à recommencer le périple de la grossesse, de la naissance?

Du point de vue de votre enfant: fait-il encore partie de vous? Est-il encore complètement plongé dans la fusion des débuts de la vie? Son cordon ombilical virtuel commence-t-il à s'effilocher? Cela arrive souvent aux alentours de la troisième année. Je ne veux pas dire que le cordon disparaît, simplement qu'il commence à se désintégrer et qu'il mettra plusieurs années (selon les enfants et les parents) à disparaître. Quelquefois il restera en place, car justement les besoins de fusion n'auront pas été respectés. Et ce cordon sera rattaché au conjoint ou aux amis, faisant des relations de vos enfants devenus adultes des prétextes à combler des besoins de bambins qui ne peuvent plus l'être. Pouvez-vous accueillir un deuxième enfant tout en préservant les besoins du premier ? Et comment organiser vos vies dans cet objectif ? Je vous laisse élaborer vos propres réponses.

Cette question pourrait être posée avant chaque naissance, car si le cœur des parents grandit avec le nombre des enfants, l'attention disponible n'est pas inépuisable. Les parents ont la capacité de se dépasser pour leurs enfants, mais le temps est une donnée quantifiable non extensible. L'accumulation des tâches familiales également, mathématiquement : plus il y a d'enfants dans une famille moins il y a d'attention individuelle pour chacun des membres de cette même famille. L'écart d'âge n'a que peu d'importance, c'est votre travail sur vous qui est prépondérant pour accueillir votre enfant. Préparez-vous à écouter ce qu'éprouve l'aîné et à l'accepter, à devenir capable d'évaluer vos ressources personnelles, à tenir compte de vos besoins tout en comblant ceux des autres dans la famille. Et après tout cela acceptez que vous n'y arriverez peut-être pas et que ce ne sera pas la fin du monde !

L'arrivée d'un enfant dans la famille, une véritable révolution : le témoignage de Marie

Y a-t-il un écart d'âge idéal entre chaque enfant ? Je ne me suis pas vraiment posé la question quand mon fils est né. Je n'étais pas très au fait des besoins d'un enfant, et je n'avais pas d'avis précis. Puis, j'ai été enceinte de ma fille lorsque l'aîné avait deux ans et demi et qu'il tétait encore. J'avais l'impression que 3 ans d'écart, c'était idéal, ni trop, ni trop peu, comme je l'avais entendu maintes fois dans les médias. La réalité des besoins de mon fils m'a ramené sur terre. Étant enceinte et ne supportant plus la tétée, je l'ai sevré contre son gré, (et contre le mien aussi d'ailleurs !). Nous n'étions prêts ni l'un ni l'autre à ce sevrage. On essayait de me rassurer, en me disant que : « Quand même, il a tété pendant deux ans et demi, c'est énorme, cela ne va pas lui manquer. » J'essayais d'y croire, pour me rassurer. Mais non, peu importe que ce soit deux ans et demi ou trois ans ou plus, l'important, c'est qu'il n'était pas prêt et qu'il en a souffert. À deux ans et demi, il avait encore besoin de moi, simplement. C'était trop tôt pour qu'un autre bébé arrive, et j'avais beau croire que j'arriverais à combler les besoins des deux enfants, c'était très naïf de ma part. Mon nouveau-né prenait toute la place, que je le veuille ou non.

Mon aîné en a souffert, il avait encore un fort besoin de succion qu'il ne pouvait pas satisfaire, d'autant plus qu'à cette époque, j'avais un avis très arrêté sur la tétine, et je ne voulais pas lui en donner une, malgré sa demande... Il s'est mis à se ronger les ongles... J'étais totalement tiraillée entre les deux, les aimant de tout mon cœur, mon instinct de nouvelle maman tourné vers la toute petite, ayant le sentiment que le grand était « en trop » et m'empêchait de materner comme je le voulais, m'empêchait de répondre correctement aux besoins de ma petite fille. Et mon grand me manquait aussi... Pourtant, mon mari s'occupait beaucoup de notre fils : il a pris le relais, il a toujours été très « maternel ». Heureusement... Mais, même si la présence entière de son papa l'a aidé à traverser cette épreuve, cela n'a pas suffi pour le soulager de la souffrance de devoir partager le temps que sa maman lui consacrait entièrement auparavant.

Aujourd'hui, je suis ravie de les avoir tous les deux, de les voir jouer ensemble, et même se chamailler. Ils s'adorent, s'épaulent dans l'adversité, mais ils se disputent encore souvent mon attention. Ma fille a 3 ans, elle tète encore, et je sais une chose : je ne referai pas la même erreur. J'ai envie d'une grande famille, mais pas au détriment des besoins de chaque enfant. Je crois que tant que je sentirai que ma petite fille a besoin d'être maternée, je n'aurai pas un autre enfant. C'est aussi un dilemme, parce que j'ai 37 ans… Le beurre et l'argent du beurre… Cette expérience m'a fait réfléchir… Je me suis demandée comment cela pouvait se passer pour les humains, quel était l'écart d'âge entre chaque petit humain, dans un contexte « naturel »… Je n'ai pas vraiment de réponse, mais je me dis qu'à une époque où les gens vivaient en tribu, ou en famille élargie, en communauté, un écart d'âge peu important n'avait peut-être pas une grande incidence, dans le sens où il y a toujours quelqu'un pour s'occuper d'un enfant, pour le porter ou dormir avec lui, dans des sociétés très maternelles.

Nous sommes humains, mais nous ne vivons plus en tribu et nous vivons rarement en famille élargie aujourd'hui. Le modèle, c'est la famille nucléaire, avec le père, la mère et les enfants, la mère étant seule à la maison (la mère au foyer). Quoi de plus difficile que de s'occuper de plusieurs enfants en bas âge lorsque l'on est seule ? Sans soutien ? Ce n'est pas une situation naturelle que de se retrouver seule pour accompagner nos enfants. Cela peut même être très angoissant. Dans la société moderne, nous ne savons plus « être » avec nos enfants…

Aujourd'hui, mon fils a 6 ans, ma fille a 3 ans, j'essaye tant bien que mal de materner et l'un et l'autre. Ce n'est pas facile, parce que l'aîné a ce manque en lui, cette sensation d'avoir été lésé, et la petite qui n'a pas envie d'être en compétition avec son frère. Mes enfants s'aiment, et jouent ensemble la plupart du temps, ils s'entraident… quand l'un n'est pas là, l'autre demande où il est, si l'un est malade, l'autre s'en occupe… C'est aussi une richesse d'avoir des frères et sœurs,

une grande richesse, et je crois que les enfants, si nous n'en faisons pas des ennemis, peuvent tirer parti de cette situation. Ils ont tellement de ressources. C'est une grande richesse… Je le dis en tant que fille unique qui a ce manque à l'intérieur… Mais il nous faut trouver des solutions pour ne pas trop les blesser, dans nos familles nucléaires. Il est vital de reconnaître que les enfants ont des besoins très forts de maternage intense, beaucoup plus longtemps que ce que l'on croit. Si on ne nous serinait pas à longueur de journée qu'il faut qu'un enfant se « sépare », « coupe le cordon » (à quand le jour où les spécialistes nous diront d'essayer de couper le cordon avant que l'enfant soit né ?..), si nous savions qu'un enfant a besoin de sa maman bien plus longtemps que « prévu », peut-être ferait-on d'autres choix ?
Ce n'est par rien pour eux quand un autre enfant arrive dans la famille, c'est une révolution.

3 Préparation à la naissance

Préparer l'aîné à l'arrivée du second en restant proche de la réalité

La plupart d'entre nous, parents, avons des sentiments ambivalents à ce sujet : nous ressentirons peut-être le besoin de rassurer l'aîné, jusqu'à souhaiter le convaincre que ce projet est un bon projet. Il suffira que notre enfant ait formulé une demande de frère ou de sœur pour justifier complètement notre démarche. C'est mettre un poids bien lourd sur les épaules de notre petit que de lui faire assumer la responsabilité de la naissance du second. Il s'agit de notre décision, de notre responsabilité, pas de la sienne.

Il arrive assez souvent qu'un enfant, soit parce qu'il a été en contact avec une fratrie, ou avec un bébé, demande un petit frère ou une petite sœur. Ceci est assez naturel, il veut ce qu'il a vu, sans être au courant de toutes les implications que cela pourrait entraîner pour lui et sa famille. Je connais beaucoup de jeunes enfants non scolarisés qui souhaitent aller à l'école parce qu'ils ne savent pas ce que c'est. Une fois l'expérience faite, ils voudraient souvent revenir en arrière, mais ce n'est pas toujours possible. Que voulaient-ils dans le fond ? Jouer avec d'autres enfants ? Oui, mais avec des enfants qu'ils auraient choisis. Ils voulaient peut-être le faire, mais en présence de leurs parents.

Ceci n'est qu'un exemple que je trouve intéressant pour illustrer le fait qu'un enfant puisse désirer quelque chose, tant qu'il n'en a pas eu l'expérience (et à partir de quand considère-t-on que l'on a l'expérience de quelque chose ?). On ne peut lui mettre sur les épaules la responsabilité d'un choix, surtout concernant l'élargissement du cercle familial. La décision et la responsabilité sont dans le camp des parents, même si les enfants donnent leur point de vue. Un frère ou une sœur n'est pas un cadeau que les parents font à leur enfant, c'est un être humain qui prendra sa place dans la famille, qu'il faudra soutenir et protéger, tout en poursuivant ce travail avec les enfants déjà nés.

Enjoliver la future relation de fratrie ?

Il nous arrive aussi fréquemment de brosser un tableau idyllique de la future relation frères sœurs : « Tu vas avoir un copain pour jouer, ça va être génial ! », « Tu ne t'ennuieras plus il sera toujours là pour toi », « Vous allez très bien vous entendre, vous serez inséparables », sont des affirmations qui nous permettent de convaincre notre premier né que la naissance du second sera une excellente chose pour lui. J'ai le sentiment que nous sommes toujours à la recherche de la relation frères sœurs idéale que nous n'avons pas vécue. Une relation de complicité et d'amour, c'est cela que nous voudrions pour nos enfants, nous voudrions qu'ils s'entendent, qu'ils s'aiment, qu'ils jouent ensemble, qu'ils coopèrent et qu'ils soient de bons soutiens l'un pour l'autre tout au long de leur existence. Notre enfant sera d'autant mieux préparé si nous nous attachons à rester proche de la réalité autant que possible. Un bébé va naître, autant dire un petit être fascinant avec lequel il pourra communiquer par le regard, le contact, la voix. Mais ce tout petit ne partagera pas ses jeux avant quelques années, il sera très dépendant de ses parents, tout en ayant sa dignité propre. Prévenez votre enfant que votre bébé aura une grande sensibilité, qu'il n'aura pas tous les moyens à sa disposition pour se manifester quand il se sentira inquiet ou mal à l'aise. Si votre enfant le souhaite, vous pouvez lui montrer comment il pourra écouter son frère ou sa sœur en observant son langage corporel et tous les microsignaux qu'il ou elle émettra.

Votre bébé est conçu

De récentes expériences menées sur des rats par l'équipe de Montserrat Gomendio[5] montrent que les petits lorsque leur mère est enceinte sécrètent de la sucrase qui leur permettra de digérer de la nourriture solide. Ils se préparent ainsi à un sevrage. On ignore comment « ils savent » que leur mère attend une nouvelle portée.

Et, vous l'aurez sûrement remarqué, certains enfants sont de très efficaces détecteurs de grossesse : ils parlent de bébé alors que leur mère n'est pas encore au courant. Parfois, les

[5] *Les instincts maternels,* de Sarah Blaffer Hrdy, Éditions Payot.

parents préfèrent attendre un délai de trois mois avant d'apprendre la nouvelle à l'aîné. Quelle que soit votre décision, sachez que votre enfant perçoit les émotions de chacun dans la famille, et que la perte d'un bébé lors d'une fausse couche ne lui échapperait pas. Un tel événement resterait inscrit en lui s'il n'était pas évoqué par la suite de façon authentique. N'ayez pas peur de l'impliquer dès le départ, même si cela est difficile pour lui. L'écoute des émotions vous sera très utile s'il a du chagrin à propos d'un frère ou d'une sœur disparue[6]. D'un autre côté quelle joie pour lui d'être considéré comme un membre de sa famille à part entière. Lorsqu'il a toutes les informations utiles à sa vie dans la famille, un enfant se sent en confiance avec ses parents.

L'attente

Vous attendez un deuxième enfant, votre bébé est en vous, vous connaissez peut-être les petits malaises de la grossesse. Informez-en votre petit simplement. Il peut être inquiété par les nausées par exemple, dites-lui que vos maux seront passagers, et qu'ils sont courants, cela le rassurera sur votre état de santé. Expliquez autant que vous le pourrez ce que vous ne pouvez plus faire et pourquoi, ce qui peut être fait pour combler malgré tout les besoins de votre petit. Vous vivrez peut-être un niveau de fatigue plus important, tel que vous ne puissiez plus porter votre enfant, ou jouer avec lui autant qu'il le souhaiterait. Tentez, si cela vous est possible, de trouver avec lui des solutions. Quand j'étais trop épuisée pour porter mon enfant, je pouvais toujours m'asseoir et le prendre dans

[6] *Pleurs et colères des enfants et des bébés,* Aletha Solter, Éditions Jouvence, 1999.

mes bras, faire une sieste avec lui, jouer en position allongée. Vous trouverez d'autres options avec l'aide et la créativité de votre bambin.

Si votre enfant est encore allaité

Plusieurs cas de figure : vous ne constatez aucun changement, votre bambin continue à téter, vous vous demandez comment vous allez gérer un éventuel co-allaitement ; malgré vos interrogations sur la suite des événements, cette situation est la plus simple pour vous et votre enfant. La grossesse entraîne parfois un changement dans le goût du lait, et sa quantité peut baisser : le bambin se sèvre quelquefois de lui-même si ces changements ne lui conviennent pas. Êtes-vous prête à accepter ce sevrage ? Si c'est trop tôt pour vous, le fait de parler avec d'autres femmes qui ont vécu la même expérience vous aidera probablement. Les associations de soutien à l'allaitement, comme la *Leche League,* ou de soutien à la parentalité seront là pour vous aider en vous donnant des informations et aussi en vous mettant en contact avec d'autres parents. Il n'est pas exclu que votre petit se remette à téter au moment de la naissance. De nombreux bambins encouragés par le flot de lait généré par le nouveau-né reprennent goût à l'allaitement. C'est à vous de voir ce que vous ferez de ce regain d'intérêt en fonction de vos enfants et de vos ressources personnelles ainsi que de celles de votre conjoint.

Depuis que vous êtes enceinte l'allaitement vous est insupportable

C'est une des situations les plus complexes de maternage que je connaisse. Les mères sont malheureuses et se sentent coupables de ne plus pouvoir allaiter le grand, et même de le rejeter tant les douleurs sont vives. Elles se sentent coincées entre le désir de satisfaire le besoin de leur enfant et l'envie de le sevrer pour vivre une relation plus facile avec lui. Il n'y a pas de réponse standard, juste quelques suggestions, fruits de la réflexion de nombreux parents qui ont traversé cette expérience. Si vous souhaitez sevrer votre bambin, la période de la grossesse est peut-être mieux adaptée que celle de la naissance où ce dernier sera témoin de l'allaitement du nouveau-né. Il aura constamment sous les yeux ce que vous avez décidé de ne plus lui donner.

Si vous n'avez aucune intention de co-allaiter, vous pourrez sevrer votre bambin en douceur, en essayant, dans un premier temps, de différer les tétées plutôt que de les supprimer. Expliquez-lui d'abord que vous souhaitez l'allaiter moins fréquemment, et dites-lui pourquoi, rassurez-le sur le fait que vous l'aimez toujours et que vous allez ensemble trouver des solutions pour que ses besoins soient comblés. Fixez des limites ensemble : pas de tétées dans un lieu public par exemple, ou plus de tétées la nuit, ou bien seulement la nuit… Ensuite, n'allez pas trop vite, la *Leche League* préconise la suppression d'une tétée par quinze jours, c'est un maximum je crois avec un bambin qui selon son âge, a tendance à téter comme un nourrisson. De plus vous avez plusieurs mois devant vous.

Avez-vous remarqué que quelquefois, votre enfant demande le sein parce qu'il n'a rien d'autre à faire ? Ces tétées-là peuvent être très aisément supprimées si vous avez l'énergie nécessaire pour jouer avec votre enfant. C'est le moment de lui proposer un jeu, ou toute autre activité qui pourrait l'intéresser et se substituer en partie à ce que lui apporte l'allaitement : un contact exclusif et chaleureux avec sa maman. Je connais un certain nombre de mères qui ont préféré continuer d'allaiter plutôt que de trouver une activité intéressante à mettre en œuvre avec leur bambin, et je les comprends, enceinte on peut se sentir tellement seule et fatiguée dans la journée qu'une tétée nous paraîtra comme un havre de paix. Proposer des massages est une option possible, vous trouverez aussi toutes sortes de jeux de contacts amusants à vivre avec votre petit.

Il se peut que vous vous sentiez partagée à l'idée de prendre votre enfant dans les bras, cela réactiverait l'envie de téter n'est-ce pas ? Pourtant il en aura grand besoin, n'oubliez pas que les contacts pour nos tout-petits sont fondamentaux, et la suppression de la relation d'allaitement fait baisser considérablement le nombre de câlins.

Votre enfant peut être triste et en colère à l'idée de ne plus pouvoir téter comme il le souhaite : vous trouverez des idées pour atténuer sa frustration, mais vous pouvez également l'écouter pleurer, il en aura grand besoin. Ainsi, il saura qu'en toutes circonstances il peut compter sur vous, y compris lorsqu'il est en proie à des émotions difficiles. Son père sera un bon allié pour lui, et pour vous, il vous aidera à tenir votre décision, à la clarifier, il vous soutiendra dans l'écoute, il jouera peut-être avec plus d'enthousiasme avec son enfant sachant que ce dernier passe une étape difficile, et que sa présence, son attention, sa tendresse peuvent faire toute la différence.

Sevrage et culpabilité

Un sentiment peut vous tarauder : la culpabilité. Vous avez décidé d'allaiter cet enfant. Or, parce que vous portez un autre enfant, vous sevrez votre bambin alors que cette relation était bien établie et cela le fait souffrir énormément. C'est vous qui êtes à l'origine de cette souffrance... il suffirait de prendre la décision inverse pour l'éviter.

Le sevrage n'est pas une décision à prendre à la légère. Si cela est possible, renseignez-vous, partagez le vécu d'autres parents à ce sujet. Il existe un livre très bien fait sur ce thème diffusé par la *Leche League*[7]. Le but de notre fonction parentale n'est pas d'éviter toute souffrance à nos enfants. Leur apprendre comment faire face aux différentes épreuves qui se présenteront dans leur vie leur sera plus utile. En même temps il nous appartient de nous demander à chaque moment si les épreuves imposées ne sont pas trop lourdes, si elles sont nécessaires, à qui et pourquoi ?

C'est également à nous les parents, de soutenir nos petits dans la détresse et cela peut-être un gros travail. Si vous êtes déterminés et clairs, que vous savez pourquoi vous voulez sevrer, vous n'éprouverez plus de culpabilité, votre enfant sentira la force de votre choix et votre décision d'être à ses côtés quoi qu'il arrive.

Une fleur magnifique au parfum irrésistible

Vous ne devinez pas qui est cette belle plante ? C'est vous. Selon Bernard This[8] et Hélène Sallez dans leur livre *Tous jaloux,* vous exhalez l'odeur de la vie par le biais de la sécrétion hormonale et votre enfant est littéralement attirée par ces effluves qui lui rappellent son vécu passé. C'est pour cela qu'il veut être proche de vous plus que d'habitude. Ce n'est pas parce qu'il est déjà « jaloux », ne lui prêtez pas des intentions qui heurtent quelquefois sa dignité, c'est simplement pour retrouver de délicieux souvenirs qu'il se rapproche ainsi. Quand vous avez plusieurs jeunes enfants, ils ressemblent à

[7] *À propos du sevrage, quand l'allaitement maternel se termine,* Diane Bengson, édité par La Leache League, 2003.

[8] *Tous jaloux ? Lorsqu'un autre enfant paraît,* Hélène Sallez et Bernard This, Éditions Belin.

de petites abeilles autour du miel. L'avez-vous remarqué ? Qu'est-ce que la jalousie finalement ? Un besoin d'amour accru qui a mauvaise presse ? Le jaloux est un être blessé et insécurisé, et en plus il a l'audace d'être envieux. J'aimerais rayer ce mot de mon vocabulaire concernant mes enfants, les accuser de jalousie m'évite de voir mes propres responsabilités quand ils manifestent les effets d'un manque d'attention.

« Dis maman, comment on fait les bébés ? »

Si votre enfant ne vous a pas encore posé cette question, il serait très étonnant qu'il ne le fasse pas alors que vous êtes enceinte. Vous allez peut-être lui expliquer comment votre bébé va naître, mais vous n'échapperez pas à la question : comment est-il arrivé en vous ? Là encore, des albums très bien faits peuvent vous aider à raconter simplement et clairement l'histoire de la conception, puis celle de la grossesse. Utilisez autant que possible des termes justes pour désigner les sexes féminins et masculins. Les hommes, papas, garçons ont un pénis et des testicules, et les femmes ont une vulve, un vagin et une poche appelée utérus dans laquelle les bébés grandissent jusqu'à leur naissance. Votre enfant demandera seulement ce qu'il est prêt à entendre et à comprendre, alors ne le surchargez pas d'explications techniques détaillées. Si vous vous sentez gênés à propos de ce thème utilisez des albums de la littérature jeunesse avec lesquels vous vous sentez à l'aise. Ils seront une base de discussion intéressante. Faites le lien avec les informations que vous avez reçu vous-mêmes sur ce sujet étant enfant. Que vous a-t-on dit sur la sexualité, la grossesse, la naissance, et surtout qu'avez-vous entendu ? En parler avec votre compagnon (ou compagne) vous aidera à faire le tri dans votre attitude actuelle, entre la gêne venue de votre passé, et le côté authentique, simple et clair que vous cherchez à transmettre à votre enfant.

Lui raconter sa naissance

C'est le moment de lui raconter sa naissance. Il ne s'en lassera pas, car les enfants adorent écouter les mêmes histoires, surtout lorsqu'ils en sont le centre. Si vous avez des photos, faites un petit album de sa vie avec vous, en laissant des pages blanches pour la suite de l'aventure... Fabienne Marsaudon aux enfants, propose dans un cahier de travail, un parcours dessiné représentant leur propre naissance. Il s'agit pour eux de se dessiner à chaque étape: la fécondation, le premier mois, et ainsi de suite jusqu'à la naissance où l'enfant fait un dessin de lui dans l'utérus de sa mère. Nos petits ont une mémoire subtile de ce qui s'est déroulé *in utero* et les résultats sont étonnants[9].

Le préparer à une naissance à la maison

Si vous prévoyez une naissance à la maison, votre enfant pourra y assister ou pas, selon vos choix et valeurs personnelles. Quoi qu'il en soit, si vous décidez qu'il peut y être présent, vous devrez l'y préparer. Voici quelques idées.

[9] *Dans le secret des terres fécondes,* Fabienne Marsaudon et Yvan Dubuc, Éditions de l'attrapeur de rêves, 1999. http://www.fabienne-marsaudon.com

- Proposez-lui des livres sur la naissance (que vous accouchiez à la maison, à l'hôpital ou dans une maison de naissance) cela l'aidera à se faire une idée de ce qui vous attend. Vous trouverez une liste de livres pour enfants, que vous pourrez consulter à la fin de ce chapitre.
- Les films sur l'accouchement lui donneront une image plus réaliste de ce qui va se passer. Les plus adaptés sont les vidéos amateurs prises quelquefois par des familles qui ont choisi une naissance à domicile. Sélectionnez-en des passages selon l'âge de votre enfant. Il ne parviendra peut-être pas à regarder un documentaire de plus d'une heure en entier. Si c'est une sage-femme qui vous suit, elle-même aura peut-être des films qui peuvent intéresser votre petit.
- Écoutez les sentiments qu'il peut éprouver : le sang, les cris, les grognements pourraient lui faire terriblement peur s'il n'est pas prévenu. Soyez clairs sur les étapes de l'accouchement, sur les conditions de réflexes d'éjection du fœtus et sur ce qui risque de se passer. Je me souviens lors de la naissance de ma dernière fille, mon aînée assistait à l'accouchement. Au moment de l'expulsion, j'ai eu deux contractions, une pour la tête et une autre pour le reste du corps. Je n'avais pas du tout pensé à prévenir ma fille que ce genre de choses pouvait arriver et elle a eu très peur que sa sœur reste « coincée » en moi. Elle en a été très impressionnée.

  Il lui a fallu parler beaucoup de cet événement-là pour évacuer la peur qui y avait été associée.
- Expliquez de façon simple, en fonction de l'âge de votre enfant et de son expérience. Votre enfant posera des questions et parlera de ses sentiments : écoutez-le.
- Joignez le geste à la parole, faites-en un jeu, mettez-vous en position d'accouchement, émettez des sons, cela sera plus facile à appréhender qu'un long exposé.

- Dites-lui à quel endroit se déroulera la naissance et qui sera présent, et prévoyez une personne qui pourra s'occuper de lui pendant le travail, quelqu'un qui sera capable d'être un allié pour lui s'il en a besoin, qui pourra être présent pendant toute la durée de la naissance ou emmener votre enfant ailleurs s'il ne souhaite pas rester avec vous. Quelqu'un qui sera capable d'expliquer simplement ce qui se passe. Même si vous avez préparé votre enfant, entre théorie et pratique il y a une grande différence et il appréciera la présence de cet adulte, présent seulement pour lui.
- Si vous faites partie d'un groupe de préparation à la naissance à domicile, et que vous avez des contacts avec des femmes enceintes dont ce n'est pas le premier enfant, pourquoi ne pas organiser une préparation spéciale pour les bambins ? Mettre vos ressources en commun peut ajouter à la richesse d'une telle initiative.
- Demandez-lui de l'aide pendant la naissance : ma fille aînée a tenu un miroir face à moi afin que je voie la progression de mon bébé, et elle a été très attentive à sa sœur une fois que cette dernière est venue au monde. Si vous demandez de l'aide à votre enfant il se sentira vraiment partie prenante de l'événement.

Pour conclure sur ce sujet, les enfants n'ont pas tous le désir d'assister à la naissance. Je crois qu'il est essentiel de respecter leur choix, sachant que dernier peut évoluer au fur et à mesure de leur préparation. Si vous êtes d'accord avec cette idée et que votre enfant veut être là, prévenez-le que l'accouchement peut se déclencher la nuit : il peut souhaiter être réveillé à ce moment-là. Si vous vous sentez à l'aise avec l'idée de vivre la naissance de votre bébé en compagnie de votre enfant, confiant(e) dans le fait qu'il sera soutenu en cas de difficulté, sachez que cet événement créé un lien puissant entre les frères et les sœurs.

Vous avez choisi une naissance à l'hôpital

La plupart des suggestions précédentes vous concernent aussi. En général, il n'est pas question qu'un enfant soit présent lors de la naissance de ses frères et sœurs dans un établissement hospitalier. Mais il peut y avoir des exceptions, aussi renseignez-vous et n'hésitez pas à établir un contrat de naissance[10]. Si j'essayais de me mettre dans la peau d'un enfant dont la mère accouche à l'hôpital et revient avec un enfant dont je n'ai pas vraiment compris la provenance, j'avoue que je serais perplexe, inquiète et j'aurais certainement besoin d'informations pour mieux comprendre ce qui s'est vraiment passé. Quand une naissance se déroule à la maison, l'enfant est en prise directe avec l'événement. Il sait d'où vient le nouveau-né que sa mère a mis au monde. Vous connaissez peut-être des enfants qui demandent à leurs parents de ramener le petit dernier à l'hôpital où ils l'ont « pris ».

Là encore, il vous faudra expliquer avec précision ce qui va se passer. Vous allez vous absenter pour accoucher, probablement avec votre compagnon ou la personne la plus proche de vous. Avec qui restera votre premier enfant ? Combien de temps ? Au bout de combien de temps pourra-t-il rendre visite au nouveau-né ? Certains établissements hospitaliers n'acceptent pas les visites d'enfants en bas âge, et je peux témoigner que c'est une énorme frustration pour l'aîné qui se sent tout bonnement exclu. Si cela est possible, négociez une visite de votre enfant aussitôt après la naissance du second, même si cette dernière a lieu en pleine nuit. Il n'oubliera pas

[10] De nombreux ouvrages peuvent vous y aider.

ce moment spécial et inhabituel et cela l'aidera peut-être à adopter son frère ou sa sœur.

La naissance est un moment de fête, que vous ayez un ou plusieurs enfants sachez qu'ils auront besoin de contribuer à l'accueil de ce nouveau petit être. Ils seront, tout comme vous, naturellement et spontanément attirés par lui.

Ressources

Albums pour enfant

Sur le thème « Comment on fait les bébés ? »

- *Et moi d'où je viens? la vie illustrée sans bêtises,* de Peter Mayle.
  J'aime particulièrement cet album, malgré sa représentation de la naissance à l'hôpital seulement. Le couple qui y figure est relativement réaliste, la mère allaite l'enfant qu'elle vient de mettre au monde avec un plaisir évident.

- *Comment on fait les bébés?* de Babette Cole, Éditions du Seuil.
  Assez drôle aussi, et imagé.

En France, la littérature « jeunesse » est pleine de trésors et vous trouverez sur ce sujet beaucoup d'albums intéressants. En général, la naissance est englobée dans le sujet, mais il s'agit très rarement de naissance à la maison. À vrai dire, je ne connais qu'un seul album traduit en français et évoquant cette dernière ; il s'agit de :

- *Runa's birth, de Uwe Spillmann und Inga Kamieth* est à commander aux auteurs à l'adresse suivante : Gbr trifstrasse 14 – 31137 Hildesheim – http://www.runas-birth.de

En revanche, le sujet a été largement traité en anglais. J'aime tout particulièrement

- *Welcome with love,* un merveilleux album écrit par Jenni Overend et magnifiquement illustré par Julie Vivas, aux Éditions Kane/Miller Book, 2000.
  C'est un livre réaliste et très réussi sur le thème de la naissance à la maison. Tout y est, y compris le placenta ! Et le lit familial à la fin, où chaque visage est éclairé par la douce lumière du feu de bois... à lire absolument !

À propos de l'arrivée du bébé et de la relation avec lui

- *Ma maman a besoin de moi,* de Pitts Walter et Millet, Éditions Bayard jeunesse, 2003.
  Où le désir du bambin de contribuer à la vie quotidienne du nourrisson est mis en valeur.

- *Sur les genoux de maman,* de Scott et Coalson, Éditions École des loisirs, 1993.
  C'est la dimension du cœur de la maman qui est évoqué.

- *Un bébé arrive dans la famille,* de William et Martha Sears, Éditions Chantecler, 2002.
  Avec ce livre très intéressant et bien documenté, vos enfants deviendront des alliés bien informés pour ce qui est de la vie de leur petit(e) frère ou sœur.

- Dans le secret des terres fécondes de Fabienne Marsaudon.
  Une série de textes poétiques pour adultes et enfants sur le thème de la naissance. À commander sur Internet: http://www.fabienne-marsaudon.com

À écouter:

- *Hymne à la vie,* aux Éditions Monte-Cristo, 48 rue des Marquisats, F-74000 Annecy
  Un splendide album de chansons sur la naissance.

Le film

- *A clear road to birth,* de Judy Seaman
  http://www.unassistedchildbirth.com/bookshop/videos/bv1_clear_road. html
  Un film très émouvant qui montre des naissances à domicile sans assistance. Vous pourrez le trouver seulement sur Internet, bien qu'il soit également prêté par certaines associations françaises[11].

[11] La maison de l'enfant prête ce document à ses adhérents (lamaisondelenfant.org et naissance.ws). Voir www.maker.net/maison enfant/index.php et www.fraternet.org, où vous pourrez trouver toutes sortes de ressources au sujet de la naissance.

4 Votre bébé est né

Plus grand que votre bébé, mais encore petit

C'est son drame : tout à coup, sous le prétexte de la naissance du second, nous le voyons physiquement immense. Il est devenu grand et ce, quel que soit son âge. Je me souviens très bien de ma fille de 16 mois qui m'apparaissait comme une géante à côté de sa sœur. Votre enfant se retrouve subitement en position d'aîné, avec tout ce que cela peut impliquer de responsabilités dans votre esprit et ceci est directement relié à votre passé d'enfant. Êtes-vous dénués de croyances et de conditionnements éducatifs concernant ce rang dans la fratrie ? Prenez un peu de temps pour y penser.

Quoi qu'il en soit, ce n'est pas le moment pour votre grand de franchir les étapes que vous voudriez peut-être lui voir franchir. Il aura besoin que vous le considériez encore comme un bébé pendant un certain temps. Tentez de résister à la tentation de lui imposer un changement d'importance coïncidant avec la naissance. S'il a trois ans au moment où le dernier vient au monde, ce n'est pas forcément le bon moment pour lui d'aller à l'école, car il pourra alors se sentir complètement exclu. Attendez qu'il soit prêt avant de l'installer dans sa chambre, ou de lui faire vivre une promotion que vous estimez valorisante parce qu'elle l'apparente à un grand. Ce que veut votre enfant plus que tout, c'est votre amour et votre attention. Les promotions ne l'intéressent pas vraiment dans une circonstance telle que la naissance de son frère ou de sa sœur. Au contraire, il vous faudra trouver un équilibre entre ses besoins qui pourront vous sembler régressifs et sa dignité humaine. En effet, il ne souffrira pas d'être considéré comme un petit, mais plutôt comme un grand qui a des besoins de petits et qui veut que cela soit respecté sans commentaires humiliants, désapprobateurs, ou ironiques. C'est une situation complexe certes, mais elle mérite beaucoup de réflexion et de remise en question de notre part quand nous sommes parents de plus d'un enfant.

À partir de quand pourrons-nous considérer que l'aîné est « grand » ?

Cela dépend de ce qu'implique cette acception pour vous. Si je vous disais que ma fille aînée, qui vient d'avoir 18 ans, s'attend encore à ce que je lui donne de l'attention, à ce que je parle avec elle, et même à ce que je sois une partenaire de jeu. Derrière le mot grand se cache quelquefois le mot autonomie. Quand nous nous attendons à ce que notre enfant soit autonome, nous voudrions qu'il agisse seul. Ceci est d'autant plus vrai que nous avons des bambins plus jeunes qui ont grand besoin de notre aide. À vous d'évaluer d'après vos observations ce que votre enfant peut faire seul, et surtout ce qu'il aime faire seul, sans pour autant le coincer par la contrainte.

Cela se corse quand nous considérons que notre enfant peut se passer de nous. Il a peut-être six ans d'écart avec le cadet, et nous estimons, même sans y penser consciemment, qu'il n'a plus besoin de câlins, ni de jeux, de chahuts, et encore moins de dormir avec nous. Il arrive que nous ayons deux enfants proches en âge après un premier resté seul pendant plus de six ans, et que nous soyons débordés par la tâche au point d'oublier les besoins vitaux de contacts que peut avoir le plus grand. C'est une situation dramatique pour lui, les grossesses se succèdent, ses parents sont débordés et il n'a plus vraiment d'existence.

Montessori disait que 10 ans est l'âge adulte de l'enfance. Cela ne veut pas dire qu'à partir de ce moment-là, un enfant n'a plus de besoins émotionnels, au contraire, mais il sera peut-être un peu plus volontaire pour gérer certains actes de sa vie quotidienne. Il est possible qu'à partir de ce moment-là il ne souhaite plus que vous participiez aux soins d'hygiène par exemple ou qu'il soit capable de mettre une machine à laver en route, qu'il sache de quoi il a besoin et le demande... Nous guettons souvent l'autonomie complète comme si elle allait nous soulager d'une partie de notre travail de parents, mais cette autonomie totale est un leurre, tout au long de notre vie nous avons besoin les uns des autres. Et nos enfants ont besoin de nous avant toute autre chose.

Un bébé à protéger

Ce bébé que nous avons parfois eu peur de ne pas pouvoir aimer autant que le premier, nous a transformés en louve défendant sa progéniture. Nous ne nous reconnaissons plus. Certaines mères qui allaitent décrivent un sentiment de rejet vis-à-vis de l'enfant plus grand. En particulier lorsqu'il approche de sa sœur (ou de son frère). Dans son livre, *Les instincts maternels*[12], Sarah Blaffer Hrdy parle d'agression « lactationnelle » : qui se déclenche avec l'allaitement. C'est ainsi que certains mammifères sont protégés férocement par leur mère. Manifesterions-nous les vestiges de cet instinct de protection ? Toujours est-il que notre premier bambin peut-être très dérouté par nos réactions. Il a encore un très fort besoin de notre présence, de notre contact, de tout ce qui fait notre attention aimante, et il se retrouve quelquefois tout simplement hors jeu. Il était le premier et surtout l'unique enfant et subitement sa position change. Mais c'est surtout notre disponibilité à lui qui évolue, alors que son besoin est toujours le même et se manifeste avec d'autant plus d'acuité qu'il est différé sans cesse au profit du dernier. L'aîné est le seul qui va voir sa situation d'enfant changer autant : les autres enfants après lui auront toujours connu la présence de frères et de sœurs. Nombreuses sont les familles qui témoignent de relations très difficiles entre l'aîné et le cadet. Quelles en sont les raisons ?

---

[12] *Les instincts maternels,* de Sarah Blaffer Hrdy, Éditions Payot, 2004.

Je n'ai pas fait la même chose avec mes deux enfants

Je suis maman de R. 5 ans et de M. 3 ans et demi. Une rencontre décisive a été la lecture d'un livre sur une « éducation alternative » qui a fait voler en éclats nos « principes éducatifs » et la façon de vivre avec nos enfants. Je découvrais l'éducation respectueuse, la non-violence, le maternage de proximité. Ses bienfaits me sont apparus comme une évidence et M. profita dès sa naissance de mes nouvelles découvertes ! Je réalisais, avec douleur aussi, que ce que j'offrais si naturellement à mon deuxième enfant, j'en avais privé le premier lorsqu'il était nourrisson. J'ai ressenti alors une profonde tristesse et un fort sentiment de culpabilité, présents encore aujourd'hui.

R. a souffert de l'arrivée de son frère. Il n'avait que 19 mois et devait déjà partager sa maman. Sa souffrance s'est manifestée par des gestes violents envers son frère, mais surtout par un rejet de mon affection, de mes câlins. Seul son père comptait et lorsqu'il a su parler il m'a dit à plusieurs reprises qu'il ne m'aimait pas. Ce rejet a duré plusieurs mois.

Pour mon compagnon les rapports avec M. ont été différents les premiers mois. Il se sentait moins utile et a eu du mal à trouver sa place auprès de ce bébé si proche et si dépendant de sa maman. De plus, M. réclamait mon attention 24 heures/24. Mon fils aîné en avait besoin tout autant si bien qu'il ne restait guère de place pour le papa ! Le « co-sleeping » que nous avons pratiqué dès la naissance de M. est venu chambouler sa conception du couple et de son « droit à l'intimité » avec moi. Les conflits entre les enfants sont fréquents et bien difficiles à gérer pour nous.

La violence physique de l'aîné m'est insupportable et me fait « sortir de mes gonds ». Je me sens souvent dépassée par ma propre colère lors de ces conflits. Le plus souvent je crie et « gronde » l'aîné, leur père ayant en général la même réaction que moi. Bien sûr, cette réaction ne me satisfait pas ; nous

avons tendance à stigmatiser l'aîné comme le bourreau et le plus petit comme la victime même si nous faisons des efforts pour prendre du recul et casser ce schéma.
Assez souvent maintenant, je réagis plus calmement, je console et offre mon écoute en premier à celui qui souffre physiquement et dans un second temps je vais voir celui qui a frappé pour l'écouter et tenter de comprendre ce qui a pu déclencher cette réaction.

Un conflit attendu

Notre propre histoire familiale conditionne beaucoup ce que nous attendons de la part de nos enfants. Nous le sentons, et le « savons » depuis longtemps : ils vont être jaloux. L'aîné se sentira terriblement lésé par le cadet. D'ailleurs n'est-ce pas ce qui s'est produit dans notre propre famille, et plus généralement tout au long de l'Histoire où déjà la Bible nous donne le récit du fratricide originel de Caïn et Abel. Le langage courant nous l'enseigne également avec des expressions telles que « frères ennemis », « faux frère », même si nous y trouvons aussi « l'âme sœur » !

Historiquement, et dans bien des cas, les haines fraternelles ont été exacerbées par des questions d'héritage pour ce qui est des hommes, et de mariage pour les femmes. Dans les temps anciens il y avait peu d'attention des parents pour leurs enfants, et la pratique de la mise en nourrice systématique n'aidait pas à la mise en place des liens d'attachement « hormonaux ». L'aîné sera longtemps l'unique dépositaire de l'héritage familial, une forte pression sociale pesant sur ses épaules, il est l'exemple, le symbole, mais aussi le détenteur de l'autorité dans la fratrie. C'est la révolution française qui mit fin au droit d'aînesse et à l'exclusion des filles. L'assemblée constituante instaura alors l'égalité des droits successoraux des enfants légitimes et naturels, en supprimant au père la possibilité de déshériter ses enfants même s'il garda la capacité de donation de son vivant qui lui permettra de privilégier l'un de ses enfants au détriment des autres.

Quoi qu'il en soit, il est un fait que l'aîné eut une position sociale dominant celle du cadet, qu'il put faire des études plus longues et, malgré l'évolution des pratiques parentales cela reste encore vrai aujourd'hui[13]. Malgré ces luttes fratricides qui ponctuent l'Histoire, dans un contexte où la famille était fréquemment frappée tout autant par la mort de ses enfants (au dix-huitième siècle quarante pour cent des enfants n'atteignent pas cinq ans) que par celle des parents, la relation de fratrie a pu être une source de secours et de réconfort immense pour les enfants. La maltraitance régnait dans les familles, et l'enfant n'eut pas de statut très clairement défini jusqu'à une période assez récente. On n'avait peu conscience de ses besoins, aussi les enfants pouvaient se serrer les coudes face à l'oppression parentale, et créer des liens forts qui n'existaient pas avec les parents.

Le cadet était infiniment moins valorisé dans les sociétés anciennes que l'aîné (« le cadet de mes soucis », quelle expression significative !).

En cas d'infanticide, acte rare motivé par une pauvreté et une détresse extrême, c'est le plus souvent le plus jeune qui était sacrifié. Dans la littérature pourtant, les exemples de préférences pour le cadet de la part de la mère comme du père ne manquent pas, depuis celle marquée par Dieu pour l'offrande d'Abel plutôt que celle de son frère Caïn.

[13] *Histoire des frères et sœurs,* Didier Lett, Éditions de la Martinière.

La référence à l'histoire peut nous aider à percevoir ce que nous sommes aujourd'hui, et nous donne des clés pour comprendre une grande part de nos croyances et conditionnements. De ces croyances découlent nos attentes. Ces dernières, ainsi que notre passé d'enfant, et nos conditionnements sociaux, modèlent les relations aîné-cadet et nous empêchent d'être concentrés sur l'essentiel : les besoins de nos enfants.

Sortir de l'optique de la compétition

Ce n'est pas l'arrivée d'un deuxième enfant qui met votre premier en insécurité, c'est votre disponibilité réduite et les attentes qui pèsent sur lui à partir du moment où vous vous mettez en tête qu'il est grand. Notre corps, par le biais des hormones, mais aussi notre tête accordent la priorité au dernier-né. Il est plus petit, plus fragile, il peut difficilement différer la satisfaction de ses besoins. Tout ceci est très juste, mais quand l'aîné a trois ans, ces règles-là lui sont également applicables. Il a, lui aussi, des besoins impérieux, même s'il peut attendre un peu plus. Il a toujours autant besoin de contacts, d'attention exclusive, et toutes ses demandes se manifesteront d'autant plus sur le mode « bébé » qu'il aura l'impression de vivre une véritable pénurie d'attention et de soins. D'autre part il se peut qu'ayant abandonné certaines habitudes qu'il avait plus petit, il soit tenté de les retrouver pour le simple plaisir de renouer spontanément avec sa toute petite enfance. Il peut avoir envie de…

…téter

Si vous allaitez votre bébé, l'aîné, même sevré, pourra redemander le sein. Il faut avouer que pour un tout petit c'est tentant ! De plus, lorsque l'on sait que l'âge du sevrage naturel pour un enfant que l'on laisserait téter sans limites se situe entre deux ans et demi [14] et huit ans, on comprend que nos bambins demandent à s'y remettre.

La plupart des mères que j'ai rencontrées et à qui cette aventure est arrivée témoignent que, le plus souvent, l'enfant à qui elles ont permis de faire à nouveau l'expérience de l'allaitement, s'est très rapidement désintéressé du sein. Je me rappelle de ma seconde fille, la bouche posée sur mon mamelon mâchoires immobiles, elle ne savait plus téter. Et après cette expérience improductive, elle n'a plus jamais redemandé le sein de sa mère. Si toutefois vous avez sevré votre enfant pendant la grossesse et que vous avez décidé de ne pas changer d'avis, lui donner le sein au moment de la naissance pourrait constituer un message confus de votre part. Alors, si vous tenez à ce que votre bambin ne tète plus, tenez bon. Mais si vous changez d'avis, personne n'en mourra bien au contraire.

...biberons de lait

Le principe est le même pour le biberon, il n'y a pas de problème lorsque l'on redonne un biberon à un enfant qui le désire. S'il le demande c'est qu'il en a besoin pour se fortifier. Au contraire quand il n'obtient pas satisfaction, sa demande se manifestera peut-être d'une autre manière. Il choisira un autre canal pour retrouver sa sécurité. Les enfants sont persévérants pour nous faire connaître ce qui leur est nécessaire. Si vous ne comprenez pas la première fois, comptez sur eux pour exprimer encore plus fort leurs attentes d'une façon ou d'une autre.

[14] D'après les recherches de l'anthropologue Katherine Dettwyler.

Le co-allaitement

Vous avez allaité votre enfant pendant votre grossesse, il l'est toujours, et vous allez peut-être poursuivre cette relation en nourrissant deux enfants d'âge différent. C'est une situation assez surprenante et très inhabituelle. Elle génère beaucoup de sentiments différents, ambigus parfois.

Parfois, les mères sont surprises de protéger le petit de leur premier enfant, de rejeter quelquefois ce dernier lorsqu'il souhaite téter (voir le paragraphe sur le thème de l'agression « lactationnelle »). Elles peuvent éprouver un grand sentiment d'envahissement. Plusieurs d'entre elles témoignent :

Je me sentais envahie, presque étouffée, lorsqu'ils tétaient tous les deux en même temps, c'est une situation que j'ai essayé d'éviter au maximum. J'avais toujours peur que mon bébé n'ait pas assez de lait. Les premiers mois je lui donnais le sein en premier ainsi j'étais rassurée. Peu à peu, j'ai senti que ma production lactée s'adaptait à cette situation nouvelle. Mais j'avais des pulsions de rejet vis-à-vis de mon grand que je ne comprenais pas, ce qui me rendait triste pour lui car il m'arrivait de le repousser quand il réclamait le sein, je me sentais complètement impuissante à faire évoluer cette situation...

Quand mes deux enfants étaient au sein je ressentais un puissant sentiment d'union entre nous trois, quelle fantastique façon d'être ensemble !

J'ai fait du tandem avec quatre enfants, bien entendu ils ne tétaient pas tous au même rythme, mes enfants sont nés avec un an d'écart, j'en ai retiré de profondes satisfactions, entre autres, celle de voir mes enfants très proches, très complices.

Si vous doutez de votre capacité à produire du lait pour deux enfants (trois, quatre), souvenez-vous de la règle d'or : « Plus les enfants tètent, plus vous aurez de lait. » Votre production s'adaptera à la demande de vos petits. Pour s'assurer que leurs nouveau-nés avaient suffisamment de lait, certaines mères leur ont donné le sein systématiquement en premier, d'autres ont attribué un sein à chaque enfant : le bambin tête le sein droit, le nouveau-né commence toujours par le gauche et fini sa tétée au sein droit si le besoin s'en fait sentir.

Avec la naissance d'un nouvel enfant, il arrive que le premier soit si attiré par ce qui se passe qu'il demande le sein sans arrêt. Peut-être a-t-il besoin de vérifier que vous allez poursuivre la relation d'allaitement avec lui, peut-être se sent-il à nouveau proche de l'état de nourrisson, mais, quoi qu'il en soit, si vous vous lancez dans cette forme d'allaitement, vous pourrez vous sentir un peu démunie à l'idée d'allaiter toute la journée vos deux enfants. On peut considérer cela comme un passage qui cessera lorsque votre bambin n'en éprouvera plus le besoin. Et en même temps vous pourrez évaluer vos ressources personnelles, votre capacité à faire face à ce co-allaitement et poser des limites à votre aîné.

Poser ses conditions

J'ai posé mes conditions à mon bambin : je t'allaiterai seulement dans mon lit. Au départ à chaque fois qu'il demandait le sein, j'allais m'allonger avec lui. Peu à peu, je lui ai demandé d'attendre que je termine ce que j'étais en train de faire. Ce système a très bien fonctionné pour ma famille.

Il m'a été impossible de vivre le co-allaitement en public, mon fils grandissant, je ne me sentais pas du tout à l'aise avec les tétées à l'extérieur de la maison. J'ai essayé de lui poser cette exigence : pas de tétées à l'extérieur. Cela n'a pas été simple, d'autant plus lorsque j'allaitais la dernière, j'essayais d'être discrète. Je me rappelle d'une journée à la piscine particulièrement pénible, mon bambin hurlait en demandant le sein, j'étais désespérée pour lui, pourtant j'ai tenu bon, car cela me posait vraiment un problème.

Vous aurez vous aussi vos limites personnelles, plus ou moins exigeantes face à cet allaitement singulier pour la majorité. Quand vous co-allaitez deux enfants, vous tissez des liens très importants entre eux, c'est aussi une façon adéquate de répondre aux besoins de vos petits.

Dormir ensemble

Lorsque vous avez pratiqué le lit familial avec votre premier bébé, vous vous apprêtez probablement à faire la même chose avec le second. Mais à ce moment-là que devient le premier ?

S'il était dans sa chambre il aura tendance à revenir dans votre lit, pour les mêmes raisons que précédemment. Le nourrisson lui rappelle des bons moments, le pousse à se rapprocher encore plus de ses parents. Comment vous sentez-vous avec cette idée ? Si votre enfant revient vers vous la nuit c'est qu'il en éprouve le besoin. Allez-vous l'accepter à nouveau dans votre lit ? Sinon, que pouvez-vous faire pour qu'il s'endorme en toute sécurité en présence d'un adulte aimant, et compréhensif ? Il lui sera très difficile de faire l'impasse sur ces nuits avec vous, pour les mêmes raisons que pour l'allaitement.

Mettez-vous à sa place, essayez de voir les choses de son point de vue (et pas d'une manière superficielle et rapide !).

Posez-vous et essayez de voir ce qu'implique sa situation de bambin, ce qu'elle était avant la naissance du second et ce qu'elle est devenue. Quand j'essaie de me mettre réellement à la place de mes enfants, de penser à toutes les implications inhérentes à leur situation dans le détail, je gagne en empathie, et nous y gagnons tous. Car ils finissent par me rendre – ainsi qu'aux êtres qui les entourent – ce respect que je leur ai donné. Ce n'est pas un objectif en soi, mais plutôt la conséquence d'un accompagnement compréhensif tenant compte de la dignité de mes filles.

Sur le plan matériel le « cododo » vous demandera un effort supplémentaire d'organisation. Votre lit est peut-être trop petit pour accueillir un bébé et un bambin. De plus, il est déconseillé de faire dormir un grand enfant directement aux côtés d'un nourrisson de moins d'un an, ce dernier pourrait être étouffé. Les bébés dorment généralement aux côtés de leur mère. Cette dernière peut se placer entre ses deux enfants, mais il y a d'autres formes d'organisation : le père peut dormir avec le plus grand et la mère avec le plus petit, ou bien le plus grand peut dormir sur un matelas au sol tandis que ses parents et le bébé dorment dans le lit.

Toutes sortes d'arrangements sont possibles. Si vous ne dormez pas avec vos enfants, les installer dans la même chambre pourra les rassurer. Si votre enfant a l'habitude de dormir seul, vous avez déjà ritualisé le coucher et vous n'aurez pas de mal à faire la même chose pour le second. Renseignez-vous toutefois sur le sommeil de l'enfant et sur le lit familial, il peut constituer un avantage important en ce qui concerne les liens d'attachement parents enfants[15] et répondre aux besoins émotionnels nocturnes de vos enfants.

[15] À lire sur ce sujet, entre autres, *Partager le sommeil de son enfant,* de Claude-Suzanne Didierjean Jouveau, Éditions Jouvence, 2005.

5
Frères et sœurs au quotidien

La régression, une force

J'ai déjà évoqué plus haut le besoin que peut avoir l'aîné de vivre à nouveau tout comme un bébé. Ce fait est accentué par la quantité énorme d'attention que donnent tous les adultes au nouveau-né. Il est devenu centre à son tour. Il est naturel que votre enfant tente d'obtenir sa part.

Ma fille aînée focalisait complètement mon attention, j'étais inquiète à l'idée qu'elle ne parle pas, qu'elle ne soit pas continente, qu'elle ne marche pas. Bien sûr, ces angoisses étaient complètement irrationnelles, mais lorsque l'on n'a jamais été témoin de la croissance d'un enfant, on pense quelquefois que l'on peut facilement nuire à son développement. On guette chaque acquisition, on se réjouit de les voir survenir, et… on est ensuite très déçu de voir des retours en arrière s'opérer. Nous avons beau savoir que les régressions peuvent survenir, cela nous met en rogne, un peu comme si les efforts pour revenir à l'étape précédente reposaient sur nos épaules. La culpabilité se manifeste et l'impuissance aussi : il fait à nouveau pipi au lit !!! Combien de temps cela peut-il durer ? Comment allons-nous nous en sortir ?

Je suis très tentée de vous rassurer : laissez tomber toutes tentatives de manipulations pour que les choses s'arrangent, votre enfant va s'en charger. Votre fonction est de le soutenir, pipi au lit ou pas. Dans chaque situation de régression essayez de voir ce que vous pourriez faire pour sauvegarder la dignité de votre enfant, et facilitez-lui la tâche. S'il est de nouveau incontinent la nuit, proposez-lui des couches, cela peut l'aider : il n'est pas très agréable de se réveiller dans un lit mouillé. Parlez avec lui des moyens qui pourraient le soutenir dans ces circonstances. Résistez à la tentation de lutter contre les manifestations de régressions, car elles ont une fonction, accompagnez-les plutôt. Si votre enfant veut à nouveau être habillé par vous comme un bébé, et bien prenez-vous au jeu, et habillez-le en prenant bien soin de lui comme vous le feriez de votre nourrisson. C'est en le soutenant et en l'aidant qu'il traversera ces étapes en toute confiance.

Évitez de lui dire qu'il est encore un bébé pour lui retirer des avantages que vous donneriez à un enfant plus grand, cela peut-être très humiliant pour lui. Même si on ne l'a pas fait pour vous, essayez d'adopter l'attitude la plus humaine, la plus réconfortante. C'est ainsi que poussent les enfants quand on les arrose d'une attention aimante.

Le meilleur allié de l'aîné : son père

Il est possible que le père de vos enfants travaille à l'extérieur toute la journée. Je vois aussi de plus en plus d'hommes rester à la maison pour s'occuper de leurs enfants : vous adapterez mon propos à votre situation personnelle. Dans un couple, c'est la personne qui donne le moins de soins au bébé qui deviendra l'allié du grand. L'aîné a besoin d'un adulte qui prenne sa défense, qui soit son avocat, et qui l'aime inconditionnellement. Pour le bébé, la personne-ressource naturelle est la mère, qu'elle allaite ou pas. Il a passé neuf mois dans son ventre, et il a besoin d'elle. Un père fait plus ou moins sa place auprès d'un nourrisson en fonction de ce qu'il a reçu de son propre père. La mère interagit avec son compagnon à propos de ses relations aux enfants en fonction également du modèle de père qu'elle a reçu.

Dans les groupes de parents que j'anime, j'ai constaté qu'une très large majorité de personnes n'ont pas eu de père affectueux et aimant, duquel elles auraient pu recevoir de l'attention, par le biais de contacts physiques ou de jeux. Et les mères, si elles étaient un peu plus proches de leurs enfants, étaient très loin de répondre à leurs besoins de base : c'est dans ce contexte que nous nous apprêtons à vivre avec des enfants et à essayer de faire de notre mieux, (en ayant conscience des insuffisances que notre éducation nous a laissées en héritage). Le père, ou la personne la plus proche de vous, pourrait se dire que sa mission est de faire en sorte que le grand ait son quota d'attention. Au moins une partie de ce quota.

Les parents qui travaillent

Si vous êtes deux à travailler à l'extérieur et que vous avez un bébé et un bambin il y aura peu de temps disponible pour les enfants. Un objectif familial important pourra être d'essayer de faire en sorte que votre attention soit de la meilleure qualité qui soit. Lorsque vous rentrez de votre journée à l'extérieur, qu'il vous reste deux heures à vivre avec vos deux enfants, et que vous passez une heure et demi à donner des soins d'hygiène ou à faire faire des devoirs qui vous épuisent, révisez vos priorités et commencez par jouer et faire des câlins : rien n'est plus important pour votre enfant qui ne vous a pas vu durant la journée.

Donnez la priorité absolue aux besoins affectifs de vos petits (et de vos grands), c'est cela qui fera d'eux des adultes, de vrais adultes, pas d'éternels enfants blessés dans des corps d'adultes. Par contre, il importera bien peu qu'ils aient pris un bain chaque jour et qu'ils aient eu une maison reluisante. Jamais, dans les groupes que j'ai animés je n'ai entendu : « Ma mère était très ordonnée, notre maison était très propre, c'était génial. » Ce que j'entends c'est plutôt : « Je n'ai aucun souvenir de ma mère et moi faisant des câlins, je ne me vois pas sur ses genoux, à aucun moment, elle était très occupée avec la maison et les autres enfants, toujours en train de faire quelque chose… » Le fait d'avoir plusieurs enfants alourdit considérablement votre charge de travail : toutes les tâches que vous effectuez chaque jour sont-elles indispensables ? Pourraient-elles être supprimées au profit d'autre chose ?

La mère, un parent seul la plupart du temps

À la suite d'une naissance, la mère se retrouve le plus souvent seule dans la journée avec plusieurs enfants sur les bras. Étant donné le peu de lien social existant dans nos sociétés occidentales, elle est isolée et ne reçoit pas d'aide. Si elle essaie d'élever ses enfants sans violence, elle se trouve face à un défi considérable. Elle sera alors complètement à bout de force à la fin de la journée, attendant impatiemment son compagnon pour bénéficier d'un relais.

C'est bien souvent après l'avoir vécu que l'on se rend compte tout ce que cela demande d'énergie de vivre avec des enfants petits toute la journée : c'est un véritable marathon. La moindre sortie est une aventure périlleuse, et si la sortie a lieu en hiver elle paraît parfois insurmontable ! Habiller chaudement deux ou trois enfants demande une certaine dose de patience et de maîtrise, ainsi que la volonté d'arriver au bout de l'objectif fixé. Il faut s'accrocher fermement à l'idée de sortir pour y parvenir. Je me rappelle des sorties à la piscine que je faisais seule avec mes trois filles : j'en revenais vidée pour plusieurs jours !

Non, ce n'est pas si simple d'accompagner plusieurs enfants et votre capacité à éliminer les déperditions d'énergie inutiles vous sera d'un grand secours. Le fait aussi de créer votre propre réseau de soutien, j'en ai déjà parlé dans *Élever son enfant… autrement,* vous aidera grandement. Vous avez besoin d'aide, par le biais de relations avec d'autres parents, avec des amis dont le contact vous recharge. Vous avez peut-être la chance de vivre proche géographiquement de vos parents et si ces derniers sont prêts à vous aider en se constituant les alliés de vos enfants, cela vous soulagera beaucoup.

J'ai trouvé le schéma suivant sur le thème du réseau relationnel dans un livre de David Lefrançois[16]. Il parle de quatre catégories de personnes autour de nous. Dans la catégorie 1 se trouvent toutes les personnes qui vivent sous le même toit, la catégorie 2 comprend votre « tribu », les amis proches, ceux qui vous soutiennent inconditionnellement, dans la 3, on trouve les copains, les relations, et la 4 est celle de toutes les autres personnes avec lesquelles se font des échanges d'attention. D'après une étude américaine une personne se montrerait en perte d'énergie si elle n'a pas au moins 12 personnes dans sa tribu. Mais – et c'est moi qui l'ajoute – si cette personne est une mère de famille avec trois enfants petits et si je tiens compte du nombre précédent, combien faudra-t-il de membres de catégorie 2 pour qu'elle se sente tout à fait à l'aise? Sacré problème que je vous laisse résoudre. Si vous trouvez une solution, écrivez-moi, ça m'intéresse!

La demande d'attention de vos enfants

Votre enfant ne tient pas compte de votre emploi du temps pour vous demander de l'attention, il demande simplement ce dont il a besoin sans tenir compte des circonstances. Je l'ai déjà dit, il est très persévérant pour ce qui est d'obtenir ce qui lui fait défaut, et c'est une grande qualité, car il ramènera très souvent notre regard vers les choses essentielles. Il ne tient pas compte non plus du fait qu'un enfant de plus est arrivé dans la famille. C'est ce qui peut donner l'impression qu'il est jaloux alors qu'il demande simplement à ce que ses besoins

[16] *Guide pratique du life coaching*, de David Lefrançois, Galino Éditeur, 2004.

soient comblés, rien de plus. Quand la réponse est différée systématiquement du fait de la présence du plus petit, il est très probable qu'il s'en prenne à lui et qu'il commence à exprimer des sentiments très négatifs à son propos. C'est l'absence de disponibilité, entre autres, qui fait avant toute autre chose le lit des conflits de fratrie.

Le réservoir affectif

La manière qu'ont nos enfants de demander cette attention nous apprend quelque chose sur leur niveau de ressources. J'utilise souvent l'image du réservoir affectif, car je la trouve parlante. Chaque enfant a en lui un réservoir affectif : quand ce réservoir est plein tout va bien pour lui, il est aimant, joyeux et coopératif. Ce réservoir se vide assez vite : nous passons souvent à côté de ces demandes ; les enfants sollicitent des câlins, des jeux, des massages, notre présence, etc. Nous différons la réponse à ces besoins quelquefois parce qu'il y a d'autres enfants, d'autres tâches à effectuer, que nous sommes fatigués et soucieux – donc peu disponibles – et le réservoir de notre enfant continue à se vider. Or, plus son réservoir se videra, moins sa façon de demander sera appropriée, et plus il aura tendance à nous repousser tant il est en colère, en rage, même !

Je voudrais illustrer mon propos par un exemple. Je pars quelquefois entre trois et quatre jours d'affilée animer des stages pour les parents. Lorsque je reviens, mes filles me demandent beaucoup d'attention en même temps. Je m'y prépare avant de rentrer, dans le train ou dans l'avion : j'essaie de me conditionner à répondre du mieux que je pourrai, alors que je suis moi-même très fatiguée. Ce jour-là ma seconde fille est seule à la maison, et après les câlins d'usage, je me mets devant mon ordinateur pour récupérer mes e-mails. Coline n'en est pas satisfaite et me demande un jeu. Nous jouons ensemble à un jeu de société, et je me remets au travail, pensant en moi-même : « J'ai fait mon boulot de mère, maintenant, je m'attends à avoir un peu de tranquillité. » Mais ma fille n'est pas décidée à en rester là et continue à me tourner autour en me taquinant. Elle a 11 ans à ce moment-là (il est important pour moi de le préciser, car j'ai longtemps vécu dans l'illusion que mon enfant me solliciterait moins en grandissant). Je réagis en lui disant à peu près : « J'ai joué avec toi, maintenant j'ai besoin de travailler. » Savez-vous ce qu'elle m'a répondu : « Va crever ! »

Il me restait alors deux options : ou bien j'entendais ces mots avec les oreilles de mon enfant intérieur blessé, et je réagissais en terme de colère comme si ces paroles s'adressaient à moi, ou j'entendais le vrai message derrière : « Maman, je t'aime et j'ai très fort besoin de toi. » Et c'est bien ce qu'elle me disait avec son réservoir affectif vidé depuis longtemps. Je l'ai donc poursuivie, elle m'a repoussé avec colère, j'ai insisté, je l'ai entraînée vers ma chambre et nous avons chahuté, et nous avons ri ensemble, et ma fille a ainsi complètement rempli son réservoir !

Si la plupart des demandes de vos enfants sont formulées sur le mode agressif, avec des colères qui surgissent subitement, sachez qu'elles sont dues à un réservoir affectif complètement vide.

Voici une petite liste personnelle et non exhaustive des événements qui peuvent vider très rapidement le réservoir affectif de vos enfants :

- être victime d'abus ; de violence,
- être punis,
- être l'objet d'attentes qui n'ont rien de réaliste,

- déménager,
- entrer à l'école (même si la première fois a un caractère spécial, cela aura un côté difficile chaque année),
- avoir un nouveau frère ou une nouvelle sœur,
- vivre avec un parent malade ou avec un enfant malade,
- le fait que les deux parents travaillent,
- le fait qu'un seul parent travaille,
- le fait d'être au centre, mais de n'avoir la possibilité d'aucune initiative en dehors de la présence des adultes,
- tous les changements affectent l'humeur des petits, un départ en vacances par exemple, un changement de rythme provisoire,
- toutes les séparations d'avec les parents,
- être obligé de prêter ses affaires contre son gré,
- vivre aux côtés d'un parent qui ne comble pas ses propres besoins,
- le divorce,
- le remariage,

etc.

Est-ce à dire que vous ne devriez pas vous remarier, ni déménager, et ne jamais partir en vacances ? Bien sûr que non, cela signifie simplement que vous pouvez penser que votre enfant aura besoin de beaucoup plus de soutien que d'habitude, au moment de vivre ces événements plus ou moins courants de la vie. Vous serez d'autant mieux disposé à lui en donner que vous serez prévenu. Vous cesserez de penser qu'un enfant peut passer d'une étape à une autre sans aucune émotion, sans avoir besoin d'une période d'adaptation longue où il vivra des sentiments très divers. C'est votre aide qui lui permettra d'avancer à nouveau en sécurité dans ces moments-là.

Le réservoir cassé

Le réservoir d'un enfant peut avoir été brisé avant que les parents n'aient pris conscience de ce qu'est une éducation respectueuse. Sur la liste de discussion *Parents conscients* sur Internet, je vois très souvent des parents changer radicalement leur orientation éducative. Ils passent de la coercition à la compréhension, de la répression physique ou psychologique à l'écoute et cela leur demande énormément d'énergie et de travail personnel. J'admire cette démarche parce que je sais qu'elle est complexe. Mais ce chemin est si riche que je souhaite à chaque parent d'entreprendre le même voyage avec ses enfants.

Quand on a commencé avec un certain type d'éducation et que l'on veut en changer, il est essentiel de garder présent à l'esprit que nos enfants ont été très blessés, et qu'il leur faudra beaucoup de temps pour vivre à nos côtés dans la sécurité et la confiance. Un réservoir cassé ne se remplit pas facilement, il fuit, il faut le réparer avant de pouvoir espérer le remplir simplement avec un temps de jeu ou une comptine. Cela veut dire beaucoup d'énergie et de temps consacré à l'enfant que nous avons blessé. Il se trouve qu'il est parfois en position d'aîné. Cela explique le caractère rude des relations entre le premier enfant et le second. Le premier a reçu (pas toujours) bien plus de choses difficiles de la part de ses parents inexpérimentés que le second, et cette violence va se répercuter sur le puîné.

Encore une fois, considérer les attaques du premier vers le second seulement comme des manifestations de jalousie c'est refuser de voir une grande partie du problème : celui de la violence éducative.

Quand c'est votre réservoir d'adulte qui se vide

Tout ça c'est bien beau me direz-vous, mais peut-on vraiment penser à tout cela quand on est parents dans notre société? Avec tout ce qui nous est imposé, notre rythme de vie trépidant, les soucis, la fatigue, et les diverses crises familiales que nous rencontrons?

C'est en effet très compliqué d'avoir une attention claire pour les enfants, de leur consacrer du temps, mais c'est fondamental. Si je vous donne toutes ces informations, c'est simplement pour attirer votre attention sur les besoins spécifiques de vos enfants, tout en sachant très bien ce qui vide votre propre réservoir affectif:

- un travail qui ne vous passionne plus,
- la fatigue,
- le manque de sommeil,
- la maladie d'un des membres de la famille (même si cette maladie n'est pas grave, la personne malade a bien plus besoin de soutien et d'attention qu'à l'accoutumée),
- un deuil,
- une séparation,
- des soucis d'argent,
- le chômage,
- des conflits avec les personnes qui vous entourent: sur votre lieu de travail ou dans votre famille,
- un couple qui n'est plus ce que vous souhaiteriez,
- un isolement fort, peu de relations pour partager ce que vous vivez,
- des sollicitations permanentes,
- l'abandon de vos rêves ou de vos projets,
- votre rythme de vie tout simplement, vous êtes dépassé par le nombre de choses à faire… ; vous avez le sentiment de courir sans cesse de passer votre temps à organiser la vie

de chacun, de passer des heures à conduire vos enfants où ils doivent aller…,

etc.

Notre capacité à « parenter » est parasitée par ces situations fréquentes dans nos vies d'adultes. Mais nous ne sommes pas sans ressource face à tout cela. Nous pouvons faire une autre liste, une liste de choses qui nous recharge en énergie, nous en aurons bien besoin ! Nos enfants n'ont pas besoin de parents qui se sacrifient, mais plutôt qui savent se dépasser lorsque le besoin s'en fait sentir et prendre soin d'eux-mêmes quand c'est nécessaire.

Notre enfance : un obstacle de taille

Chez nous c'est fort simple, je défends très souvent l'aînée, tandis que mon mari prend toujours le parti de la dernière, et je ne crois pas que cela soit une coïncidence : nous sommes respectivement aîné et benjamin.

Et vous, quel était votre rang dans la fratrie familiale ? Quels ont été les avantages et les inconvénients de cette position ? Avez-vous été désiré ? Avez-vous été désiré en tant que garçon ou fille ? Avez-vous été comparé ? Aviez-vous le sentiment que votre père avait un préféré, que votre mère avait un préféré ? Comment vous entendiez-vous avec vos frères et sœurs ? Comment les conflits étaient-ils réglés entre frères et sœurs lorsque ces derniers survenaient ? Réfléchissez et trouvez une attitude positive sur l'entente dans la fratrie que vos parents auraient eue : une attitude destructrice ? Répondre à ces questions pourrait vous permettre de repérer tout simplement ce qui vous vient de votre propre schéma familial et que vous reproduisez sur vos enfants.

J'entends fréquemment les mères parler du second comme d'un enfant « facile » et sans histoires, alors que l'aîné est devenu si difficile à gérer quelquefois ! Je me mets à la place de l'aîné qui n'est pas compris, à la place des parents qui ne sont pas soutenus et je trouve tout ceci bien compliqué, alors que cela pourrait être vraiment simplifié. Lorsque les enfants ont trois ans d'écart, le second arrive en pleine période d'explosion de puissance de l'aîné, moment où il commence à montrer sa volonté propre à ses parents. Il commence à agir seul, s'agace lorsqu'il n'y arrive pas. Il est très proche de ses émotions et les décharge fréquemment. Malheureusement parfois il n'est pas compris par ses parents, qui comparent son attitude avec celle du bébé. Le bébé est tellement plus calme lui, il est si proche de sa mère, il ne pose pas beaucoup de soucis. Alors que lui est si réactif à tout ce qui l'entoure et en plus il lui arrive de s'en prendre au bébé, ce qui a le don de nous mettre très en colère, et de nous attrister. Le premier geste de violence que l'aîné reçoit de ses parents fait souvent suite à une agression du plus jeune par l'aîné.

L'aîné est celui qui vit le plus grand bouleversement avec l'arrivée d'un frère ou d'une sœur. Pour les enfants qui suivront, cela sera très différent car ils connaîtront la présence de germains dès la naissance. Votre premier né peut souffrir beaucoup de l'incompréhension qu'il génère et avoir des réactions d'autant plus inappropriées qu'il manque d'attention et que ce manque l'enferme dans une attitude difficile pour ses parents, qui sont de moins en moins attirés par lui. Survient alors un cercle vicieux terrible pour ce petit qui ne comprend pas ce qui lui arrive. Ses tentatives les plus désespérées pour obtenir ce dont il a besoin sont, non seulement vouées à l'échec, mais elles aggravent encore la situation.

Accepter l'ensemble des émotions et sentiments de l'aîné

Dans le livre *Jalousies et rivalités entre frères et sœurs*[17], Faber et Mazlich font un parallèle intéressant entre ce que peut éprouver l'aîné quand il voit arriver un second enfant et ce que ressentirait une femme si son compagnon lui disait: « Ma chérie, tu es tellement merveilleuse que j'ai décidé d'en prendre une seconde, vous allez très bien vous entendre tu verras, tu l'adoreras. »

Quel effet ce parallèle vous fait-il? Profitez-en pour écrire ce que vous ressentez, si cela peut vous être utile à comprendre votre premier né. La grande différence qu'il y a avec une fratrie, c'est que votre enfant a très sincèrement envie de contribuer à la vie du bébé, qu'il est également attiré par sa personne. Et, s'il éprouve des sentiments ambigus envers le petit dernier, c'est parce que celui-ci lui semble n'avoir absolument rien à faire pour combler ses besoins d'attentions, qu'ils le sont automatiquement, contrairement aux siens. Peut-être le bébé est-il constamment dans les bras de sa mère, ce qui empêche l'aîné de venir interagir avec lui? Ce n'est qu'un exemple, bien sûr, mais si vous avez plusieurs enfants je crois que vous comprenez ce que veut dire être en compétition pour l'attention des parents. Votre enfant, avec son vocabulaire du moment, va exprimer son ressenti vis-à-vis du bébé: « Est-ce qu'on peut le ramener maintenant? », « Est-ce qu'il va vraiment habiter chez nous? », « Je le déteste, je voudrais qu'il meure. » Ces réflexions sont rudes à entendre n'est-ce pas? Nous serons un bon soutien pour notre enfant si

[17] *Jalousies et rivalités entre frères et sœurs,* de Faber et Mazlich, Éditions Stock, 1989.

nous savons les écouter plutôt que de répondre : « Mais non tu l'aimes ta sœur, tu dis cela, mais je sais qu'il n'en est rien. »

Tentez plutôt de dire : « Tu aimerais qu'elle ne soit pas née ? » Si le premier message nie complètement les sentiments de l'enfant, le second véhicule de la compréhension. Lorsque vous savez écouter votre aîné, il se sent soulagé, il a un allié qui comprend ce qu'il ressent. Je vous propose à la fin du chapitre une liste d'ouvrages qui pourront vous aider à acquérir quelques bases techniques de communication interpersonnelle. Ces outils vous seront d'un grand secours avec vos enfants, mais ils vous aideront aussi à avoir des relations riches qui vous permettront de vous connecter aux autres et de leur montrer qui vous êtes vraiment.

Différence entre attaques et conflits

J'aimerais faire une différence entre les attaques physiques ou verbales, et les conflits. Même si les deux sont souvent mêlés dans les relations que peuvent vivre nos enfants. Il y a des attaques qui se transforment en conflits et des conflits qui comportent des attaques.

L'aîné commence fréquemment par « attaquer » le petit, il l'agresse physiquement ou verbalement. Cela peut démarrer lorsqu'il est tout bébé ou qu'il commence à se déplacer. Une attaque est généralement une manifestation de souffrance parce qu'un besoin n'est pas, ou plus, comblé. C'est aussi une reproduction de ce que l'on a reçu. Je crois que les agressions de l'aîné sur le second peuvent survenir moins souvent à la condition que l'aîné ait été traité avec respect lorsqu'il était seul avec ses parents. C'est rarement le cas, du fait de notre inexpérience, lorsque nous sommes de jeunes parents mal informés.

Le conflit est un peu différent, la base étant un désaccord entre les personnes. Même si au sein du conflit, il y a des attaques, on peut essayer de négocier, de trouver des solutions. Il arrive que nous ayons en tête une image faussée de la réalité, que nous pensions qu'une relation sans conflit est une bonne relation. Mais une relation sans conflit n'est pas une relation, c'est une image de relation, et cette relation refuse d'être riche et vivante, de même qu'elle refuse également de voir l'autre tel qu'il est : d'apprendre à le connaître et à le soutenir.

Le conflit n'est pas négatif, au contraire, il permet un approfondissement de la relation. Il donne aux protagonistes l'occasion de s'accepter tels qu'ils sont, et non de vivre sur l'illusion que l'autre est seulement ce que nous voudrions qu'il soit. Ils sont le signe que la relation est mature et riche. Dans ce cadre nous devrions peut-être éviter de rechercher à tout prix l'absence de conflits entre nos enfants (voir plus loin).

Les attaques

L'agressivité de l'aîné

Si nous acceptons l'idée que c'est l'agresseur qui va mal et qui souffre, quel sens cela aura-t-il de le punir ? J'ai eu beaucoup de mal à tirer les leçons de ce constat car il allait vraiment à l'encontre de mon schéma familial : ne s'en prendre à l'aîné sous aucun prétexte. Ce n'est pas simple à comprendre n'est-ce pas, mais lorsque votre grand est violent avec le petit, cela signifie qu'il a besoin de soutien de votre part, et pas d'une punition ou d'un geste de violence.

C'est si difficile d'essayer de donner ce que l'on n'a pas reçu ! Je sais bien cela, tout comme vous, j'en passe par-là chaque jour avec mes enfants. Ce que je veux vous dire est que punir l'aîné parce qu'il a agressé son frère ou sa sœur ne peut que dégrader encore plus les relations qu'il aura avec ce dernier. Dans son esprit, il est puni à cause de son cadet et les relations entre eux ne risquent pas de devenir paisibles.

Mais, me direz-vous, faut-il alors le laisser être violent ? Sans aucune réaction ? Non bien sûr ! Soyez vigilants, gardez l'œil lorsque vous savez que l'aîné ne va pas très bien et qu'il risque de déraper. Formulez votre désaccord et empêchez physiquement le grand de blesser le plus jeune. Écoutez les émotions de votre aîné, il a besoin de vous pour évacuer sa colère et sa tristesse. C'est quand ils vont mal que vos enfants ont le plus besoin de vous, même si vous préfériez les voir le sourire aux lèvres. Vous leur serez en tous les cas le plus utile quand vous saurez accueillir leurs sentiments pénibles. Vous les aiderez à passer des étapes, à prendre des forces pour faire face à leur vie.

Et le plus petit ? Qu'en faire ? Il a besoin de protection et il n'est pas question de le laisser subir la colère de l'aîné. L'idéal est d'être à deux dans ce genre de situation, un qui soutient l'aîné, et l'autre qui protège le petit. Ce n'est pas toujours le cas. Si vous êtes seul, vous pouvez empêcher le grand d'agresser le plus jeune, essayer de comprendre ce qui se passe, dire au petit que personne ne devrait le frapper et le blesser.

Il arrive parfois que le grand câline le bébé, une fois, deux fois, trois fois et paf ! Le quatrième contact est un coup.

Dans ce comportement du bambin, je vois une image de notre « parentage ». N'est-ce pas l'impression que nous pouvons donner aux enfants ? Nous sommes humains, compréhensifs, nous les câlinons, et puis… tout à coup pour des raisons qui leur échappent complètement, nous avons des gestes de violence ou des cris qui les terrorisent. Un enfant ne s'attend jamais à recevoir un coup de la part de la personne qu'il aime le plus au monde. Est-ce cela qu'il reproduit quand il adopte cette attitude incompréhensible que nous sommes prompts à attribuer à la jalousie ?

« Entre eux ce n'est jamais tiède ! » : le témoignage d'Anne

Lucas est né quand Lisa avait 30 mois. Le milieu de la grossesse a vu le début de relations difficiles entre ma fille et moi. Colères de sa part, elle me tapait, je lui rendais… Jusqu'à ce que je m'interdise de la taper. Bref, je m'étais promis que je ne l'abandonnerais pas à la naissance de son frère, qu'elle serait toujours mon petit cœur, mon bébé, etc.

Sauf que… Sauf que le lendemain de la naissance, quand elle est arrivée à la maternité, nous nous étions quittées la veille au matin et en 25 heures, c'est fou ce qu'elle avait grandi ! Elle me semblait immense, plus âgée et en un instant, j'ai compris que quoi que je fasse, de toute façon, le bébé ce n'était plus elle. Je suis devenue beaucoup moins patiente, moins disponible pour elle. En plus, nous avons déménagé dans un lieu où nous étions tous moins bien, moi isolée, elle sans ses copines… Je croyais que j'arriverais à ne pas la rendre jalouse de son frère, que cette arrivée ne serait pas une souffrance pour elle, qu'il me suffirait de lui dire : « Tu n'es pas obligée de l'aimer, mais tu n'as pas le droit de lui faire mal ! » pour qu'elle s'exécute ! Bref, « à la masse », la maman…

Jusqu'au moment où je me suis rendue compte que je n'aimais plus ma fille. Constat terrible et désespéré. Je voyais, comme un observateur extérieur notre relation se détériorer. Je n'avais pas envie de l'entendre, pas envie de la câliner, pas envie de l'embrasser, etc. Je m'en voulais terriblement, mais ça avait l'air inéluctable. Alors je me suis forcée. Je l'ai reprise plus souvent dans mes bras, je me suis "reconnectée" à mon bébé d'amour, je l'ai retrouvée peu à peu. Ça n'a pas été très long, mais l'amour est revenu sans pour autant faire disparaître celui que j'avais pour Lucas. J'ai vraiment l'impression de lui en avoir voulu d'avoir pu exprimer la souffrance qu'elle a ressentie lors de la naissance de son frère. Moi je n'avais pas du

tout été jalouse, d'après maman. Sauf que les relations avec mon frère ont toujours été tendues et/ou superficielles.
Entre Lisa et Lucas, dès qu'il s'est déplacé à quatre pattes (il avait six mois) ils sont devenus complices, ils ont beaucoup joué et se sont de moins en moins agressés.
Puis j'ai attendu un troisième enfant, et forte de mon expérience, je pensais que ça pourrait être plus facile, tout en étant très inquiète. Mes deux fils ont aussi 30 mois d'écart... Heureusement, Théo est né à la maison, nous n'avons donc pas été séparés par un séjour en maternité, et mes enfants n'ont pas grandi en une nuit cette fois-là. Lucas souffre terriblement depuis la naissance de Théo. J'ai pris les devants pour ne pas "retomber" dans le désamour qui peut venir si vite. Je fais attention à chaque instant de ne pas l'enfermer dans le rôle du méchant qui tape le petit. Ce qui est le cas pourtant, au moins une fois par jour. Et souvent j'explose, je crie, je suis dépassée et malheureuse. Mon grand bébé qui frappe mon petit bébé, c'est un cauchemar qui se renouvelle quotidiennement. Mais je suis « supervigilante », je fais vraiment tout ce que je peux pour ne pas le critiquer, pour ne pas stigmatiser les comportements que je déteste.
Ses relations avec sa sœur sont moins bonnes depuis la naissance du petit. Elle est très maternelle, je crois qu'il se sent aussi rejeté par elle (il a déjà dû quitter mes genoux...) et ça doit rajouter une dose de souffrance. Peu à peu leur relation se reconstruit tout de même. Lisa materne beaucoup Théo, mais je trouve surtout qu'elle joue à la poupée, je ne peux pas m'empêcher d'être agacée par son comportement. Je lui en demande trop je trouve, elle est devenue encore plus grande...
Nous sommes en rééquilibrage constant, mais une chose est claire pour moi : j'accepte le déséquilibre et je m'attelle à la reconstruction. J'ai hâte que Théo devienne à son tour un compagnon de jeu pour sa sœur et son frère. Élise et Paul se battent encore régulièrement, je prends sur moi, j'ai toujours

du mal avec mes réactions. Souvent ils s'aiment, parfois ils se détestent… mais ce n'est jamais tiède.

Quand votre enfant vous agresse

Un enfant qui nous frappe fait remonter immédiatement en nous le petit garçon ou la petite fille frappée par ses parents, ses frères ou sœurs, impuissant, obligé de rentrer tous ses sentiments de colère et de tristesse, pour ne pas courir le risque d'être encore puni avec violence. Il arrive que nous répondions du tac au tac, que nous rendions le coup reçu aussitôt, et la plupart du temps avec bien plus de force qu'un enfant de trois ans. Ensuite viennent les regrets et en même temps une certitude : si je le laisse me taper ou va-t-on ?

Voici un extrait de discussion de la liste de discussion *Parents Conscients*[18] avec une maman désespérée parce que son petit garçon la tape.

Maman de Tristan

…Je suis calmée ce matin, mais hier soir, j'étais à bout, tout au fond, effondrée, je voulais que tout s'arrête, ne jamais avoir eu d'enfant, bref, vous voyez le genre… Donc, je me couche à côté de Tristan, et au bout de cinq minutes, il me balance des claques. Je lui demande d'arrêter, lui dit que j'ai mal, lui tient le bras. Il se met à rire et recommence de plus belle. Ensuite, il me tourne le dos et donne un grand coup de tête en arrière. Bing, mon nez. Je crois qu'il ne l'a pas fait exprès, mais il remet ça, direct dans le front.

[18] Liste de discussion sur le thème de la vie de famille non violente. Inscription sur le site de *La maison de l'enfant :* http://www.wmaker.net/maisonenfant/

Et il se marre toujours. Je suis partie dans un état indescriptible. Son papa l'a pris dans les bras puis je suis revenue et il s'est endormi assez vite. Que mon enfant, qui n'a jamais reçu un coup (de notre part j'entends, de sa sœur, si), qui en général vient faire un bisou, câliner, demander « bobo, mal, blessé » puisse me frapper intentionnellement et trouver ça drôle, ça me dépasse. Et ça me désespère. D'accord, il est petit, pas encore deux ans. Mais ça veut dire quoi ? Qu'est-ce que j'ai raté ? Hier soir je me sentais vraiment nulle, incapable. J'en étais presque à envier ceux qui « dominent » leurs enfants et sont sûrs de bien faire. Parce qu'avec mes bonnes intentions, je vais où là ? Me faire frapper par mon poussin ? Je ne peux pas. Mais le voir rire, c'est pire que tout, ça me déprime totalement…

Ma réponse :

« Tu me diras si tu t'y retrouves parmi toutes nos suggestions contradictoires, et en même temps c'est parfois finalement utile d'être perturbé et d'avoir l'occasion de réfléchir et de se déterminer, tout en se laissant la possibilité de changer d'avis et d'essayer quelque chose d'autre.

Ton petit te frappe, je n'y vois rien de bien terrible, sauf si tu reçois ces coups comme des attaques personnelles. Je mets ce qu'il te fait au rang de l'expérience. Il se peut aussi qu'ayant été frappé par sa sœur, il ait emmagasiné pas mal de frustrations : il te sent sûrement occupée à autre chose, ton corps est devenu un nid depuis six semaines et il le sent intuitivement. Il est donc globalement inquiet.

Dans pareil cas, j'ai trouvé une question très utile : qu'est-ce qui te pousserait à frapper quelqu'un ? Si je répondais à cette question je crois que je dirais qu'il me faudrait ressentir une terrible impuissance ou une violente frustration, peut-être de la révolte. Qu'est-ce qu'il ressent lui ?

La deuxième chose qu'il me semble utile de savoir c'est qu'un enfant de l'âge de ton petit Tristan n'est pas très adroit avec les mots, il l'est beaucoup plus avec les émotions. S'il a besoin de frapper aujourd'hui, cela ne veut nullement dire qu'il devient violent, mais qu'il a un problème et qu'il cherche un moyen de l'évacuer. Quand tu lui dis que ça te fait mal et que tu l'empêches physiquement de te frapper, tu prends des mesures d'urgence. C'est très important de lui signifier que tu n'es pas d'accord. Je te propose de rester proche de lui et de lui donner de l'attention par le biais d'un jeu. Quand il fait mine de te frapper, fais beaucoup de théâtre, tombe à ses pieds, fais le rire, jouez tous les deux à un jeu de poursuite, transforme l'ambiance plombée en atmosphère joyeuse, crée des moments de proximité avec lui. Les tensions seront apaisées par le rire qui est un moyen de décharger des émotions. Il va sûrement demander et redemander ce jeu, il n'est pas utile qu'il te frappe vraiment, il suffira qu'il approche de toi pour que tu te mettes à hurler "grossièrement" en exagérant complètement tes réactions (afin qu'il voie qu'il s'agit d'un jeu) "non, pitié" : c'est le genre de trucs que je dis en pareille situation. Je pourrais très bien te le faire si tu étais près de moi, j'adore ça !

Tu vois peut-être ce que je veux dire. Je crois que la vie est faite de choses difficiles, et il y a forcément un moment où nos enfants rencontrent la violence en eux et l'agressivité. Le jeu leur permet d'explorer en sécurité ces sentiments-là, mais si on les punit, ils en déduiront qu'une partie d'eux-mêmes est mauvaise et il est possible qu'ils aillent l'expérimenter ailleurs. Ils ne comprennent pas le paradoxe qui consiste à être puni alors qu'ils ont agi parce qu'ils se sentaient blessés !!! C'est vraiment essentiel de voir leur situation sous cet angle. La tienne je la connais : tu es épuisée, tu en as assez, tu manques de soutien, et c'est déjà énorme de faire tout ce que tu fais. Il n'est pas question de condamner qui que ce soit, mais simplement de réfléchir ensemble à ce qui est acceptable en terme de répression, ce que nous devrions définir très précisément.

Et puis autorise-toi à lâcher tes petits pour une soirée, une après midi, file donc faire ce que tu aimes, ils ne seront probablement pas contents, ce ne sera pas contre eux que tu le feras, mais pour toi pour te ressourcer un peu. Quand j'en ai assez, je le dis, et ça m'arrive de tout envoyer bouler, mais ce n'est pas pour autant que je sanctionne, et je suis très loin d'être le parent idéal. Pour finir, je voulais te dire que les coups que nous recevons de nos enfants réactivent directement les souffrances reliées aux coups que nous avons reçus enfants. Il y a un travail à faire là-dessus. Je t'assure qu'après avoir évacué toute la souffrance et l'impuissance que nous avons traversées, on passe du coup rendu du tac au tac, à une indifférence complète. Tristan t'aime et tu es la meilleure des mamans, tu traverses juste quelques émotions pénibles, qui te découragent, mais tu auras leur peau crois-moi ! »

Les conflits

Les conflits : intervenir ou pas ?

Les disputes entre frères et sœurs, d'après ce que je vois dans mes groupes et dans ma famille, sont les choses les plus pénibles qui soient. Elles réveillent en nous beaucoup de colère et nous réagissons très fort lorsque nous entendons des cris (les cris du plus jeune nous mettent en alerte encore bien plus que les cris du cadet ou ceux de l'aîné). Ce que nous voulons plus que tout : que cela s'arrête ! Et toute notre stratégie va être orientée vers cet objectif. « Ça suffit arrêtez-vous, toi tu files dans ta chambre, et toi ? Il t'a fait mal ? », « J'en ai marre de vous entendre vous disputer toute la journée, je n'en peux plus, quand allez-vous vous entendre… », « Puisque vous n'êtes pas d'accord sur le choix du film que vous voudriez voir, vous n'en regarderez aucun ! »

Soyons lucides, c'était la manière de régler les querelles qu'adoptaient nos parents. En fait, il n'y avait pas de résolution des conflits, mais plutôt un arrêt du conflit, ce qui empêchait complètement les enfants de trouver des solutions par eux-mêmes ou avec le soutien des adultes. Les émotions étaient bloquées en nous parce qu'elles n'étaient pas acceptées et les relations devenaient de plus en plus pénibles et difficiles car nous n'étions pas reconnus dans ce que nous étions, nous devions correspondre en permanence à l'idéal que s'étaient forgé nos parents. Une des conséquences possibles sur notre comportement d'adulte aujourd'hui est que nous avons peur du conflit, que nous sommes démunis et effrayés face à lui, et là je ne fais pas référence à la sphère familiale, mais plutôt à nos relations avec les autres adultes.

Êtes-vous de ceux qui préfèrent nier ce qu'ils sont plutôt que d'entrer en conflit ? Vous allez peut-être avoir l'impression que j'écris le contraire de ce qui est imprimé plus haut. Mais je vais simplement affiner un peu mon propos. Si votre bébé est agressé par le plus grand, il n'est pas question de le laisser faire, reportez-vous au paragraphe précédent. En même temps, les enfants expérimentent les relations en les vivant de manière intense et le conflit fait partie de la vie. Ils ont besoin de se disputer pour savoir ce qu'est une dispute et aboutir à une éventuelle négociation. Ils doivent se confronter à l'autre pour en tirer des conclusions sur ce qu'il est, se demander s'ils sont d'accord ou pas et ce qu'ils peuvent accepter de lui. Les relations aux autres l'aident à se construire, à se connaître lui-même à s'affirmer. Dans ce contexte, évitons d'intervenir ! Mais restons vigilants, les yeux et les oreilles grands ouverts. Faites-vous partie de ces personnes qui ont été cruellement opprimées par un frère ou une sœur aînée qui ne faisait que décharger la violence qu'il recevait de la part de ses parents ? Dans ce cas, vous aurez beaucoup de mal à ne pas prendre part à ce qui se passe ou cela vous sera très douloureux. Un travail thérapeutique sur votre histoire vous aidera à avoir une attitude adaptée à la situation qui se présente sans que votre passé vienne polluer vos réactions.

Des luttes de pouvoir: le témoignage de Christine

Avec mon frère aîné, mon père était assez autoritaire. Je crois qu'il en était inconsciemment jaloux, parce qu'il lui prenait l'attention de ma mère. Il s'est toujours placé sur un plan de compétition avec lui. Ensuite, il s'est beaucoup moins intéressé aux enfants suivants. Mais le « travail » qu'il avait fait avec mon frère aîné ne s'est pas perdu, et c'est ce dernier qui l'a reproduit sur le reste de la fratrie. Je me souviens des jeux de société où il nous traitait de manière supérieure : s'il gagnait, c'était parce qu'il était le meilleur, et que nous étions nuls ; s'il perdait, c'était parce qu'il prenait des risques, et que nous étions timorés. J'avais peur de lui, parce qu'il savait trouver les mots qui me blessaient. Toutes nos relations ont pris une coloration de lutte de pouvoir, et la hiérarchie était très forte, beaucoup de privilèges étant accordés selon le droit d'aînesse. Dans la chambre que je partageais avec ma sœur, je n'avais pas le droit de poser le pied dans « sa moitié ». Maman nous avait dit qu'elle nous mettrait dans des chambres séparées lorsque nous ne nous disputerions plus, mais elle a bien fini par le faire quand même ! Nous n'avions aucune aide pour gérer nos relations, et je me sentais complètement écrasée.

Je me souviens de m'être retrouvée seule à la maison un jour et d'en avoir ressenti un énorme sentiment de sécurité : je pouvais aller partout sans que rien de douloureux ne puisse m'arriver ! Je me souviens aussi de la lecture de Vipère au

poing – *une forme de soulagement de me reconnaître dans toute cette violence de sentiments.*
Deux de mes frères ne se sont réconciliés qu'à trente ans passés. En ce qui me concerne, je me sens toujours insécurisée avec mon frère aîné. Il me reste encore beaucoup de souffrance de ce passé ; en particulier, il m'est difficile de jouer à des jeux de société avec mes enfants. Alors maintenant, lorsque je vois mes enfants se donner des marques d'amour, je suis émerveillée…

Des humiliations en tout genre : le témoignage de Marie

Je suis la dernière d'une fratrie de quatre. Deux garçons d'abord et deux filles ensuite. Je n'ai pas eu l'impression d'avoir de rapport avec mes deux frères. Les disputes se faisaient par clan : les garçons d'un côté, les filles de l'autre. J'ai vraiment subi ma sœur pendant des années : en plus nous partagions la même chambre. Elle défoulait sur moi tous ses soucis, adorait me faire pleurer, opération très facile au demeurant car j'étais toujours la larme aux yeux. Elle aimait aussi me pousser à bout et attendre mes « auto-dénonciations » coupables auprès de ma mère pour se gausser de moi. Elle m'a avoué lors de son mea culpa *– à l'âge adulte – avoir fait sa crise d'adolescence sur moi, j'ai d'ailleurs été la seule à la voir passer cette crise. Parfois aussi elle embauchait ses copines pour rire de moi, et bien sûr à l'adolescence elle me « montrait » le moins possible car elle avait honte de moi. Nous avons commencé à avoir de bons rapports lorsqu'elle a quitté la maison pour la faculté ; elle avait 18 ans et moi 14 ans 1/2. Maintenant, nous sommes très proches et, grâce à un travail personnel sur moi, j'ai de moins en moins l'impression que les humiliations du passé reviennent sur des actes banals du présent.*
J'ai deux filles qui ont 2 et 4 ans. Je constate une influence flagrante de mon vécu sur ma vision de leurs rapports. J'ai

souvent une énorme sensation d'injustice pour ma fille cadette. Je passe beaucoup de temps à dire à mon aînée d'arrêter d'énerver, de chercher, de faire pleurer (etc.) sa sœur. J'ai souvent un parti pris pour la plus petite, je le sens aussi dans ma manière de m'adresser à cette dernière quand elle frappe ou embête sa sœur : le ton est plus doux et compréhensif, son statut lui donne beaucoup d'excuses à mes yeux. Je suis aussi consciente que je court-circuite leur capacité de résolution de problème et que souvent même je souffre plus que ma cadette des traitements que ça sœur aînée lui inflige. J'arrive de plus en plus à être vigilante et à ne pas projeter mes souffrances de petite fille sur elle. Leur relation en est allégée, c'est certain ! Avec le recul que j'arrive à prendre, quel bonheur de les voir vivre fraternellement avec une capacité à régler leurs conflits qui augmente avec mon « lâcher-prise » ! Je n'arrive pas à me souvenir de rapports fraternels avec ma sœur, ni de résolution douce des conflits, quel bonheur de voir que tout cela est possible, que mes filles se créent d'autres souvenirs que les miens.

Votre mission de protection

Il n'est pas question de laisser un enfant devenir le bouc émissaire de ses frères et sœurs : dans ce cas, nos interventions peuvent être subtiles. Tout d'abord en montrant que l'on est bien présent et très attentif à ce qui se passe : « J'ai l'impression que Claire ne s'amuse pas autant que vous, si vous avez besoin de moi je suis là. »

C'est un peu la même chose quand vous constatez que, dans un groupe d'enfants, c'est toujours le même qui est blessé et humilié. Il y a un mélange d'attaques et de conflits. Trouvez un moyen d'intervenir avec délicatesse. Vous aurez peut-être l'impression que je vous donne des suggestions contradictoires, mais c'est à vous de faire la part des choses en fonction des circonstances, de l'âge de vos enfants, de leur manière de gérer leurs disputes en général.

Intervenir

Il se peut que les enfants fassent appel à vous – avant même que vous ne leur proposiez quoique ce soit – pour vous prendre à témoin, vous demander de faire justice. Une façon de faire consiste à être présent, à poser des questions à chacun, à montrer son intérêt pour les protagonistes et pour leur histoire, sans jugement et sans idées préconçues. On peut leur demander ce qui pourrait aider à résoudre le problème, s'ils ont des idées sur la question. Immiscez-vous le moins possible dans le processus, soyez présent, attentif et subtil. Évitez de proposer votre solution comme la seule valable : « Seriez-vous d'accord pour que je propose moi aussi une solution ? » est une question que vous pouvez poser afin d'être sûr de ne pas vous imposer avec votre savoir et votre expérience d'adulte.

Il est évident que vous avez beaucoup d'idées sur ces questions, mais vos enfants veulent faire leur propre expérience. Et même si vous trouvez la solution choisie par eux totalement farfelue et que vous êtes convaincu que cela ne fonctionnera pas, ne commentez pas ! (Je sais que c'est très difficile de ne pas donner son avis, mais vous l'ont-ils demandé ?) Évitez de prendre partie pour l'un ou l'autre de vos enfants. Vous est-il déjà arrivé de préjuger au « son » de ce qui se passe et de demander sans le voir au plus grand d'arrêter parce que le petit pousse des hurlements de bête sauvage ? Sachez que cette attitude, j'en ai fait l'expérience, a un impact négatif très fort sur la relation entre vos enfants. Je vous assure que le fait de poser des questions lors d'une dispute suffit plus que largement à faire que vos petits se sentent compris. Et la relation frères sœurs en sera consolidée.

Entrer à fond dans le conflit : le témoignage d'Anne

J'ai quatre enfants, et voici ce que je fais lorsqu'ils se disputent. J'essaie de les écouter vraiment jusqu'au bout. J'entre dedans, quitte à fermer les yeux et voir au-delà des mots. Quand je fais ça avec les miens, la dispute n'est jamais le point de départ de leur malaise, mais juste un révélateur de quelque chose d'autre. Pour ce qui est de donner la même chose à chacun : ma fille de 8 ans a besoin de plus, j'ai décidé de lui donner plus, elle est contente, ne se sent plus lésée et les autres n'ont pas l'impression qu'elle a plus. Je donne ce dont ils ont besoin, peu importe que ce soit plus ou pas. Ils ont des besoins si différents, en espace, en nourriture, en temps d'attention exclusive, câlins, bains et autres. Une chose aussi qui est précieuse, qui l'a été pour moi, c'est de comprendre que lorsque des enfants frère et sœur se disputent et qu'ils ne sont que deux, pour eux ça équivaut à être en bagarre avec tous ceux de leur génération. C'est très stressant, ils n'ont personne d'autre de leur génération vers qui se tourner au moment de cette dispute. Je le vois avec les miens : à quatre, ils viennent chercher le soutien d'un autre quand ils se sont disputés… ils recherchent le contact d'un autre frère ou sœur. Quand ils ne l'ont pas, ils ont l'impression de n'avoir personne vers qui se tourner.

Soutenir nos enfants en conflit : plusieurs étapes

- Écoutez à tour de rôle vos enfants, sans juger, ou commenter.
- Identifiez leurs sentiments.
- Aidez-les à explorer leurs besoins.
- Soutenez-les dans la recherche de solutions.
- Quittez la pièce et laissez-les se débrouiller.

Des *interventions légères, drôles et ludiques* !

Vous connaissez par cœur les situations où vos enfants se disputent un objet. Et si, par exemple, vous vous en empariez que vous vous mettiez à courir, vous transformeriez la dispute en jeu : tout à coup, c'est vous qui deviendrez l'objet tant convoité. Cette forme d'intervention se termine par un chahut général, le rire[19] étant une émotion qui permet aux tensions de se relâcher, vous ferez d'une pierre plusieurs coups avec cette forme de résolution ludique[20]. Lors de n'importe quel type de dispute, plutôt que d'entrer dans une médiation, pourquoi ne pas prendre le rôle d'un enfant ? Vous deviendrez alors un protagoniste supplémentaire qui vient réclamer lui aussi, maladroitement sa part du gâteau. Faites le clown c'est ce qui marche le mieux ! Lorsque vous voyez un enfant en difficulté se faire taper ou exclure, parce qu'il a en main un objet convoité, précipitez-vous et prenez cet objet, il est possible que cela se termine en bagarre générale contre vous. Il s'agit bien de JEUX de bagarre !

Vous pouvez également vous emparer d'une petite cuillère et annoncer avec force : « Elle est à moi, je ne la prêterai à personne », vous verrez c'est très amusant de jouer des rôles ! Forcez le trait, mettez votre dignité au placard, c'est un excellent moyen de créer des liens avec vos enfants. Je suis sûre que vous pourrez trouver d'autres jeux. Quand un enfant vient de naître dans une famille et que l'aîné s'en prend à lui, proposez un jeu avec un poupon. Prenez-le poupon, et sautez dans le rôle d'une mère gâteuse à l'excès, prenez-le dans vos bras et faites-lui des câlins : « Comme il est mignon ce bébé, tu as vu ? » Il y a des chances pour que votre enfant vous arrache le poupon et lui fasse subir des traitements divers. Poussez alors des cris de mère ou de père floué, des cris grossiers, il ne

[19] Mon prochain livre sur le jeu est à paraître en 2006 chez La Plage.
[20] Idée tirée de *Playful parenting*, de Cohen.

s'agit pas de jouer des rôles proches de la réalité, mais de déclencher l'hilarité.

Un autre jeu qui a très bien marché chez nous consiste à prendre le bambin et à jouer au bébé toujours à l'excès pour le faire rire. Jouez l'inversion de rôle, par exemple dans le cas d'un enfant écrasé par l'aîné, proposez en tête-à-tête à l'enfant concerné, un jeu où vous serez le plus grand, mais vous serez un grand malhabile, sans aucune force, tombant au sol à la moindre pichenette, et votre enfant aura le pouvoir sur vous. Un bon moyen pour lui de se sentir puissant alors qu'il est le moins fort physiquement dans la famille. Il existe aussi le jeu « je te veux », décrit par Patty Wipfler sur son site Internet (http://kandalore.com/parentsleader.html). Il consiste à chercher un des enfants, celui qui a le plus besoin d'attention, pour le couvrir de câlins et de bisous, tant et tant qu'il essaiera à tout prix de s'échapper. Comme précédemment, c'est le fou rire qui est recherché. Et vous pourriez terminer ce jeu par un câlin, et des appréciations positives sur ce qu'il (ou elle) est, vous admirerez à haute voix la perfection de ses oreilles, ses petits doigts de pieds, tout comme on le fait souvent pour un bébé. Cela lui rappellera à quel point il est unique.

La valeur et l'efficacité de ce type de jeu sont considérables, nous les sous-estimons souvent. S'il y a un type d'intervention à choisir, le jeu pourrait être à la première place, parce qu'il implique entre autre, une entrée de l'adulte dans le monde l'enfant[21].

[21] À paraître : *Jouer ensemble autrement,* Catherine Dumonteil-Kremer, Éditions La Plage.

Et *ne pas intervenir*

N'intervenez pas dans toutes les disputes de vos enfants. Souvenez-vous : elles sont importantes et leur apprennent quelque chose. Je suis souvent lassée d'entendre mes enfants se disputer, et je leur demande parfois de s'arrêter… Il n'y a rien de plus inefficace ! Un jour en plein cœur d'une dispute qui m'agaçait prodigieusement, je lance mon « arrêtez » au bord du désespoir, et voici ce qu'une de mes filles m'a répondu : « Maman, quand tu te disputes avec Pierre, nous ne venons pas vous demander d'arrêter, hein ? Alors ne t'en mêle plus laisse-nous régler nos comptes. » À bien y réfléchir, rien ne me frustrerait plus je crois qu'un médiateur qui s'interposerait dans nos disputes de couple, qui voudrait arrêter les émotions, la colère, que nous nous jetons à la figure, alors que nous savons très bien régler tout ça nous-mêmes sans intervention extérieure. Pourquoi vouloir que nos enfants se disputent sans émotions ? Est-ce votre cas ? Quand vous vous disputez avec votre conjoint, le faites-vous placidement, sans colères, ou agacements ?

Pour ma part la réponse est non. Voici le déroulement d'une de nos disputes : il y a l'objet de la querelle, pour une raison qui a probablement sa source dans le passé, il y a une réaction forte qui fait éclater la dispute, nous sommes au cœur de la colère, en pleine émotion, le ton monte. Puis au bout d'un moment, le niveau sonore diminue, et il est suivi d'un temps de retrait plus ou moins long. Pour moi ce temps est nécessaire, je dois négocier avec moi-même, peut-être me faire écouter dans mes émotions par une personne proche. Je suis ensuite de nouveau prête à échanger avec mon compagnon. Nous nous excusons toujours spontanément l'un l'autre et nous reparlons du problème avec bien plus d'efficacité que lorsque nous étions dans les émotions, même si ces dernières étaient essentielles, et inévitables.

Conclusion : quand vos enfants ne vous demandent rien et que ni l'un ni l'autre n'est en danger, laissez-les gérer leur problème. Car il s'agit bien de leur problème et non du vôtre. Trouver un équilibre entre notre fonction protectrice et la dignité des individus qui composent notre famille se fait à force de réflexion, d'entraînement et de travail sur soi, assez facilement. Il suffirait souvent de se poser la question pour pouvoir y penser et trouver des solutions. Engagez vos enfants dans cette recherche, vous serez surpris par leur créativité.

Nos diverses tentatives pour éviter le conflit

Vous l'aurez probablement remarqué, nous ne courons pas après les disputes réitérées entre nos enfants. Et nous tentons quelquefois d'éviter que le conflit survienne entre eux. Pour cela, nous avons plusieurs « outils » qui proviennent des vieux placards de nos propres parents, je me répète, vous n'en serez pas surpris. Comment faire pour éviter ces rouspétances perpétuelles ? Donner exactement la même chose à chacun ! Je suis sûre que cela vous dit quelque chose. Ainsi vous ferez preuve de justice et avec la meilleure volonté du monde.

Mon beau-père raconte avec tendresse comment il fabriquait à ses enfants des trains à l'aide de quartiers de mandarine, et chaque train devait absolument comporter le même nombre de wagons au risque de léser un de ses petits. Je vois certains parents poursuivre cette quête d'égalité quand leurs enfants sont adultes : « J'ai offert une poussette à mon fils aîné pour la naissance de son bébé, je ferai la même chose pour ma fille. » Cela devient une obsession et une prison, car nous sommes parents tout au long de notre vie. Ce choix ne peut que conduire à la culpabilité : comment accepter que dans certaines circonstances, nous n'avons pas du tout fait la même chose pour nos enfants. Allons-nous nous sentir redevable toute notre vie envers de celui qui a été lésé ? Ce dernier s'attend-il à une forme de réparation de notre part étant donné qu'il s'est habitué à notre système de fonctionnement?

Je vous invite à sortir de cette forme d'enfermement. Vos enfants ont certes les mêmes droits, mais ils sont très différents. S'ils n'ont pas les mêmes besoins, il y en a un qui est partagé par tous, c'est le besoin de singularité. Le besoin d'être considéré comme un individu unique. Faites là encore la part des choses: il n'est pas question ici de léser vos enfants, mais de vous donner des occasions de les considérer comme des êtres humains différents.

Tout comme vous, il m'est arrivé d'offrir le même objet à deux de mes enfants pour avoir la paix. Cela m'a toujours laissé une drôle d'impression, ce cadeau n'avait pas beaucoup de sens, à qui était-il offert en réalité? D'accord, j'avais évité les problèmes, mais j'avais aussi oublié de leur montrer le côté unique de mon amour pour elles. Constatant que sa grand-mère offrait souvent le même cadeau à sa petite sœur et à elle, alors que l'aînée avait un présent très différent, Coline m'a un jour confié: « J'en ai assez d'être mise dans le même paquet que Claire, je veux qu'on m'offre quelque chose de différent à moi aussi. » Pour moi, il est plus compliqué de rechercher un cadeau correspondant à chacune, mais je fais l'effort de le faire, car je sais que l'impact sur elles, et sur leur estime d'elles-mêmes est très différent. En recherchant l'objet que je crois correspondre aux désirs d'une de mes filles, je donne une forme d'attention exclusive qui comblera son besoin d'être considérée comme un être humain différent de tous les autres.

Des *émotions épuisantes*

Quand nous sommes fatigués ou parasités par les soucis de la vie de famille, nous cherchons aussi à éviter les émotions pénibles de nos enfants. Si le soir après huit heures de travail, vous vous heurtez à un conflit de fratrie qui va entraîner de la colère que vous n'aurez pas la force d'écouter, sachez que je vous comprends et que vous avez toute ma compassion. Dites-le-leur : « Je suis épuisée et je n'ai pas la force de vous écouter. » Il y a des jours où nous avons de l'énergie à revendre et des jours où nous avons autant de ressources qu'un vieux paillasson.

Dans une famille, il y a de multiples manifestations d'insatisfactions à écouter, ce n'est pas la partie la plus légère de notre fonction parentale, mais pour moi elle est la plus riche. J'ai appris à écouter et surtout à accepter les déceptions, les colères, les revendications en tout genre (sauf quand j'ai le profil « paillasson »). J'ai mis un temps certain à les accueillir j'aurais préféré que mes enfants ne récriminent pas lorsqu'ils étaient mécontents. Jusqu'au jour où j'ai réalisé l'absurdité de cette attente : n'était-il pas naturel de vivre une déception lorsque je disais non à une demande, par exemple. Moi-même n'avais-je jamais vécu de déception, étais-je toujours satisfaite par toutes mes relations et les événements courants de ma vie ? Certainement pas. Et pour vous cela se passe comment ? Ne trouvez-vous pas terrible de ne pas pouvoir se situer, montrer son dépit, râler tout son saoul ?

Il y a une chose que j'ai remarquée et qui fait partie des quelques règles mathématiques simples que vous trouverez plus bas : quand une émotion pénible ne peut pas sortir, elle est stockée et attend tranquillement son heure. Elle sortira la prochaine fois avec un peu plus de puissance. À vous de voir si ce n'était pas le moment de l'écouter, sachant que les émotions s'expriment beaucoup quand la fatigue est là. La prochaine occasion sera-t-elle plus favorable pour vous ?

La réponse vous appartient.

Nathalie et ses trois garçons

Je fais très souvent face à la mauvaise humeur de mes fils, j'ai parfois le sentiment qu'ils râlent tous en permanence. Notamment quand je dois acheter quelque chose à l'un d'eux, parce que ce dernier a besoin de chaussures, par exemple. Lorsqu'ils étaient plus petits, j'achetais trois paires de chaussures, ou trois t-shirts, pour être « juste ». Mais ce n'était pas vraiment juste pour moi, et cela a fini par être très lourd pour le budget familial. Ils trouvaient toujours quelque chose à redire même si j'achetais la même chose aux trois. En plus restait à régler la terrible question : comment reconnaître ce qui est à l'un ou à l'autre, ils sont très proches en âge, et du coup les conflits à la maison étaient sans fin.

J'ai réussi quand même à ne plus me stresser avec cette question. Maintenant qu'ils sont grands, notre budget familial ne nous permet plus d'acheter trois paires de chaussures au même moment, je sais que cela sera difficile et qu'ils seront mécontents, mais je l'accepte. Je n'essaie pas à tout prix de satisfaire tout le monde. C'est mon équilibre personnel qui en est préservé et au bout du compte, je crois qu'ils se querellent moins longtemps.

Mes affaires

La question du « c'est à moi » commence très tôt dans la vie d'un bambin. Aussi quand nous achetons quelque chose, nous avons à réfléchir : a qui va appartenir cet objet ou ce vêtement ? Existe-t-il un endroit personnel où notre enfant pourra le ranger, et le protéger éventuellement des autres enfants de la famille. Le partage est une valeur qui ne s'apprend pas, mais qui se vit. Et un enfant a besoin de s'approprier les objets avant de pouvoir les prêter. En grandissant, il a besoin de savoir que ses affaires seront respectées, qu'elles ne lui seront pas prises quand il aura le dos tourné sans qu'il ait donné son accord.

Je me souviens avec une certaine amertume, de m'être fait « remonter les bretelles » par une de mes filles à qui j'avais pris son casque de vélo pour en équiper une autre sans lui avoir demandé la permission (alors qu'elle est toujours « prête », justement à prêter quand on le lui demande). À tout âge, on a le droit de ne pas prêter ses affaires. En tout cas, à deux ou trois ans, on est plutôt prêt à les défendre contre vents et marées. En tant que parent, cette attitude liée à la possession, au non-partage, m'a beaucoup gênée, quand d'autres adultes venaient chez moi, et que ma fille répondait rageusement non à une demande de prêt. Je me sentais vraiment une mauvaise mère qui n'avait pas su apprendre le partage à sa fille. Si j'avais su qu'elle apprendrait cela sans que j'aie à intervenir, je me serais posé beaucoup moins de questions.

Pour les petits visiteurs qui viennent chez moi, quand mes enfants ne veulent pas prêter leurs affaires, j'essaie de trouver une solution qui les satisfasse. Ce n'est pas drôle non plus pour eux qui sont accueillis dans un lieu qu'ils ne connaissent pas bien, d'avoir l'impression d'être exclus si on refuse de leur prêter quelque chose. Il est aussi possible de demander à leurs parents d'emmener un sac de jouets. À un certain âge, les échanges se déroulent infiniment mieux que les prêts à sens unique.

Dernière de neuf enfants : le témoignage de Sandra

Je suis la dernière de neuf enfants, et aussi loin que je me souvienne, je ne crois pas avoir eu de jouets ou de vêtements m'appartenant en propre. Quand j'ai eu deux ans, ma sœur aînée a eu son premier enfant, le premier petit-fils de mes parents ! La famille dans son ensemble était en émoi, et moi je n'existais plus. On me prenait mes jouets (enfin ceux que j'avais récupérés) pour les lui donner. C'était terrible pour moi. Aujourd'hui, je prends soin des jeux de mes enfants comme s'il s'agissait de reliques, je les range toujours avec soin, et j'ai du mal à les voir prêter ce qui leur appartient, car j'y veille, ils ont chacun leur jouet, c'est une question à laquelle j'accorde une importance démesurée.

Vêtements passant de l'un à l'autre

La question des vêtements pose souvent de petites difficultés. Comment pouvais-je savoir que ma fille aînée serait mortifiée parce que j'ai donné une robe qui ne lui va plus depuis deux ans à la seconde ! J'aurais pu me poser la question : a qui appartient cette robe ? J'aurais peut-être pu la prévenir que cette robe je l'achetais pour elle, et qu'elle en serait propriétaire tant qu'elle serait à sa taille ! Il peut être très difficile pour un enfant de donner ses vêtements, tout comme il peut être compliqué pour le dernier de porter les pulls (identiques) tricoté par mamie aux trois plus grands, pendant dix ans ! J'exagère à peine, et vous avez peut-être des expériences de ce genre si vous êtes vous-même dernier d'une fratrie.

Voici ce que nous en dit ce papa

J'étais dernier d'une fratrie de quatre. Trois filles avant moi, et pourtant je garde un très mauvais souvenir par rapport aux vêtements que j'étais obligée de porter. Je pense maintenant que ces derniers étaient connotés filles justement. Ma mère voulait-elle avoir une quatrième fille ? Je ne sais pas trop, mais elle m'avait inscrit à un cours de danse classique et j'y étais le seul garçon. Pour en revenir aux vêtements, j'ai eu moi-même trois filles, et je ne supportais pas que leur mère fasse porter à la dernière les vêtements de ses sœurs. Cela me faisait quelque chose à l'intérieur, j'avais des réactions disproportionnées! Je ne parvenais pas à me débarrasser de mes sentiments d'enfants. Ma dernière fille, elle, était très heureuse de porter les vêtements des deux grandes, elle vivait cela comme une promotion. Autant dire que mon passé me mettait dans l'embarras, mais que cela ne correspondait en rien à la réalité.

Je ne sais pas ce que vous en tirez pour vous-même, mais j'ai noté chez nous que l'attachement aux vêtements se focalise sur un tout petit nombre de tenues que mes filles ont particulièrement aimées. Quand je leur demande si elles sont d'accord pour faire passer quelque chose qui ne va plus à la suivante, elles sont à 90 % d'accord. Et j'accepte les dix autres pour cent. Du reste, la plupart du temps, elles gèrent cette question entre elles. Elles ont 11, 12, et 18 ans.

Leurs affaires quand ils sont plus grands

Leur propriété reste leur bien personnel en grandissant, bien sûr. Nous avons trouvé important chez nous, où mes filles partagent une chambre, qu'elles aient chacune un endroit qui ferme à clé. Ma dernière fille a choisi une boîte aux lettres: une boîte assez vaste qui se ferme et où elle peut ranger tout son courrier personnel, son journal intime et des petits objets auxquels elle tient particulièrement. La défense du territoire personnel est toujours une question d'actualité: l'espace privé de chacun doit être respecté, y compris en son absence. Avec le temps, je me suis rendu compte que le fait d'avoir une chambre à soi facilite certes la gestion de cette question, mais que cela n'impliquait pas forcément le respect du territoire du grand par le plus jeune, ou de celui des plus jeunes par les grands. Je crois que là, notre attitude est vraiment déterminante. Comment considérons-nous les affaires et le lieu de notre enfant ? Sont-elles aussi importantes que les nôtres ? Ou les considérons-nous au contraire comme mineures simplement parce qu'il s'agit d'enfants ?

Encore une question à creuser à la lumière de notre histoire d'enfant.

6

L'optimisme, une valeur à cultiver

Vos choix éducatifs ont évolué avec le nombre de vos petits

Tout bouge constamment dans une famille, des parents aux enfants, jusqu'à la synergie familiale. Au fil du temps, nous gagnons en expérience, en prises de conscience, et nous agirons différemment d'un enfant à l'autre. Certains parents s'en trouvent fortement culpabilisés.

J'ai envie de vous dire une chose que j'ai constatée et qui m'aide chaque jour : il y a peu de faits qui ne soient rattrapables. Quand je vois les parents désespérés de n'avoir pas allaité, porté, ou d'avoir fessé un premier enfant, je me dis qu'il s'agit d'un passage, avant celui qui consiste à se demander comment faire pour colmater les brèches chez les enfants qui n'ont pas bénéficié de nos prises de conscience.

Temps particuliers ou jeu – écoute

Les réponses à la dernière question sont multiples. Vous pourrez proposer des temps d'attention exclusive aussi fréquemment qu'il vous sera possible d'en vivre, en tête-à-tête avec un enfant qui semble aller mal. Il s'agit de rester seul avec un enfant et de jouer à un jeu de son choix. Les jeux de chahut sont d'excellents remèdes (y compris lorsqu'on a dépassé 15 ans).

Ce temps d'attention exclusive est une panacée, si vous sentez que l'un de vos enfants n'est pas bien, donnez-lui quotidiennement de l'attention concentrée sous forme de jeux. 15 minutes en tête-à-tête pour jouer, et rire ensemble pendant 15 jours seront d'une redoutable efficacité. Que faire des autres enfants ? Faites les garder un quart d'heure par un voisin si votre conjoint n'est pas là ou si vous vivez seul(e) avec vos enfants. Même réponse si vous sentez que la relation va mal avec un des deux parents. Ce temps d'exclusivité pourra apporter des améliorations. Il faut être volontaire pour partager un temps de jeu avec un enfant qui en apparence est en rage contre vous, mais cela en vaut vraiment la peine. Et, bien que vous soyez interchangeables sur de nombreux de plans, vos petits ont besoin d'une relation avec chacun d'entre vous. Ne baissez pas les bras !

Voici quelques règles concernant ces moments d'attention. Tout d'abord, soyez concentré sur votre enfant et exclusivement sur lui. Ne répondez pas au téléphone, ne faites rien d'autre en même temps.

Je sais que c'est déroutant, et que nous avons l'habitude de vivre avec nos petits tout en faisant constamment autre chose. Là, il n'en est pas question. Si l'un de vous deux se fait mal au cours d'un chahut le jeu sera arrêté. Ensuite, mettez-vous à la place des enfants que vous croyez lésés et ne soyez pas trop exigeant avec eux. Dites-vous qu'il leur faudra beaucoup de temps avant de reprendre complètement confiance. Cela pourra également vous aider à accepter les crises de colères ou d'agressivité qui surviennent semble-t-il anarchiquement dans votre vie de tous les jours. Trouvez des moyens de remplir le réservoir affectif de votre enfant et de le réparer si cela s'impose.

D'autres vecteurs d'attention

Tous les enfants aiment que leurs parents s'intéressent à leurs passions. Pour les adolescents, c'est un bon moyen de recevoir de l'attention que d'écouter leurs morceaux de musique préférés ou de regarder une émission qu'ils adorent en compagnie de leurs parents. Il suffit bien souvent de se laisser guider par leurs demandes. Mes enfants aiment particulièrement que je leur écrive des petits mots, et je trouve moi-même réparateur de rédiger des lettres où je leur dis à quel point ils sont uniques à mes yeux et pourquoi.

Si vos enfants ont quitté la maison, il n'est pas trop tard pour réagir en terme d'excuses et de reconnaissance des souffrances que vous leur avez infligées sans savoir qu'elles étaient si douloureuses (et en ayant en général reçu les mêmes traitements de la part de vos parents). Aimeriez-vous recevoir ce genre d'écrit de la part de vos propres parents ? Il n'est vraiment jamais trop tard pour reconnaître nos erreurs. Pour vos enfants, cela sera un cadeau précieux.

Apprendre ensemble à gérer les conflits

Faites de la prévention, en quelque sorte. Sans pour autant vous oublier. Comment trouvez-vous votre manière de poser les limites, par exemple ? N'ayez pas peur de vous exposer aux commentaires de vos enfants lors de réunions familiales ayant pour le but de résoudre les difficultés du groupe et des individus dans ce groupe.

Organiser des réunions familles régulières, c'est aussi permettre à un moment donné l'expression de tous avec des règles de fonctionnement simples :

- Ayez un ordre du jour qui se constituera petit à petit dans la semaine sur un cahier où chacun viendra inscrire les difficultés rencontrées.
- Il peut y avoir un animateur de réunion différent à chaque fois.
- Vous pouvez faire un petit cercle de présentation où chacun dit ce qu'il a aimé le plus dans sa semaine.
- Parlez en votre nom et essayez au maximum d'éviter les attaques personnelles.
- Demandez à chacun de parler de ses besoins.
- Trouvez ensemble des solutions à chaque problème et gardez des traces écrites.
- Profitez de la réunion pour partager les tâches inhérentes à la vie de famille…
- et pour organiser les temps forts : vacances, anniversaires, fêtes diverses… etc.

Si vous faites des réunions à thème, vous pourrez peut-être évoquer les différents moyens de vivre une colère sans blesser les autres. Vous pourrez parler de ce qui est effrayant dans la colère, de ce qui vous met en colère.

Partagez vos méthodes pour vous débarrasser de vos colères. N'hésitez pas à leur demander ce qui les blesse dans votre attitude, ils sont très bien placés pour vous répondre. Demandez également ce qui leur paraîtrait adapté dans une situation donnée.

Ressources pour mieux communiquer et gérer les conflits

Livres

- *Les mots sont des fenêtres ou bien ils sont des murs,* Marshall Rosenberg, Éditions Syros.
- *Manuel de communication non violente : exercices individuel et collectif,* Lucy Leu
- *Parents efficaces,* Thomas Gordon, Éditions Marabout.
- *Jalousies et rivalités entre frères et sœurs,* Faber et Mazlich, Éditions Stock.
- *Pleurs et colères des enfants et des bébés,* Aletha Solter, Éditions Jouvence.
- *Poser des limites à son enfant et le respecter,* Catherine Dumonteil-Kremer, Éditions Jouvence, 2004.

Périodiques

- *L'enfant et la vie,* 164 rue de Lille, F-59420 Mouvaux.
- *Ressources parents,* la Maison de l'enfant, le Clos de Charance, F-05000 Gap.

Sur Internet

- La maison de l'enfant :
  http://www.maker.net/maison enfant/index. php
- La liste de discussion *Parents Conscients :*
  parents_conscients@yahoogroupes.fr

Des cas particuliers : témoignages

Jumelles : le témoignage de Gaëlle

C'est à la fois banal et artificiel pour moi de raconter la gémellité, c'est comme si je devais m'expliquer sur le fait d'avoir deux mains, j'en ai toujours eu deux ! Il y a une partie de moi qui a toujours été « avec » elle, ma sœur, toujours. Elle a vu le jour trente minutes après moi, dans des conditions plus difficiles (césarienne en urgence), je crois que j'en ai gardé un fond d'inquiétude pour elle. D'aussi loin que je me souvienne, je veillais sur elle. Nous sommes ce que la science appelle des jumelles hétérozygotes, ou plus couramment « des fausses jumelles ». Nous ne nous sommes jamais ressemblées comme deux gouttes d'eau, et notre entourage a pris un malin plaisir à nous identifier à nos différences. La « turbulente cascadeuse » (moi), la « placide fragile » (elle). C'est un peu ça le revers de la médaille, cette espèce d'étiquetage asymétrique permanent qui a peut-être fini par nous coller à la peau, en tout cas, c'est un stigmate important de mon enfance. Nous en avons beaucoup souffert, l'une autant que l'autre, car, autre particularité, ce qui la faisait souffrir m'affectait profondément. J'aurais tout donné pour qu'elle ait autant de facilité dans les apprentissages scolaires que moi (d'ailleurs nous avons souvent trafiqué les notes, les signatures, les devoirs) mais alors que je sautais de classe, elle redoublait… Elle vit à présent à

8 heures d'avion et plusieurs fuseaux horaires de moi et elle ne me manque pas en permanence, nous vivons nos vies séparément sans être détachées non plus, comme avec toutes les personnes que j'aime et qui vivent bien loin de moi.

En même temps, je comprends la fascination populaire pour les jumeaux... Dans la ville congolaise où j'ai grandi, on leur prête même des superpouvoirs magiques comme celui de ramener la pluie pendant la sécheresse, et les parents de jumeaux sont considérés avec beaucoup de déférence. Un statut qui n'était pas pour déplaire à mes parents, et dont nous nous sommes beaucoup amusées!!!

La réalité c'est que personne ne saura jamais décrire la nature de notre lien, et que, contrairement aux idées reçues, j'ai bien plus d'affinités avec ma jeune sœur que ma sœur jumelle. J'ai aussi des amies dont je me sens profondément sœur. Au-delà de la gémellité, des liens du sang, la sororité est une relation qui est au centre de ma vie, peut-être parce que c'est ma relation première.

Avoir ou pas une famille nombreuse: Anne

Déjà le terme: « avoir »? « faire »? « gérer »? « créer »? « animer »? « être »? « vivre dans »? Que « faisons-nous » vraiment, qu'« avons-nous » vraiment?

Chez mes parents nous étions cinq filles: baby-boom certes, mais nous avions toutes notre place: j'étais la première, très désirée (mes parents avaient 31 et 32 ans et ma mère avait déjà fait 2 fausses couches), la seconde confirmait la réussite du projet en cours, la 3e était « une surprise » (double: encore une fille, ça alors!), la 4e devait être LE garçon (« pendant que j'ai encore le courage »), la 5e tôt venue ensuite et pas préméditée a encore été « une surprise ». Pour ma mère, seuls les « égoïstes » avaient 1 ou 2 enfants: mais c'était clair qu'elle n'en avait planifié que 3 sur les 5.

Je me suis dit : « J'aurai… allez… 3 enfants on va dire, sûrement, oui ; 3, c'est bien, ça fait une famille ! »
À 27 ans et avec un projet professionnel en voie de finalisation (études très, très longues), je me suis mariée ; mon mari était le troisième de 4 garçons, le projet « enfants » faisait pleinement partie du « mythe fondateur » de notre couple, nous étions drôlement pressés de mettre en route le premier : entre le mariage et sa conception, 8 très longs mois d'espoir, de désespoir, de consultations ! Un an et demi plus tard la deuxième est arrivée toute seule, joie ; un peu plus difficile de mettre en route la troisième, née 2 ans et demi plus tard ; puis un souhait fort de deuxième garçon, arrivé 21 mois après la troisième.
Et voici que je ne savais plus m'arrêter ! Une troisième fille un an et demi plus tard ; hélas une sixième grossesse a tourné court, la petite avait presque un an : ça a été très dur à vivre pour moi. J'ai conservé du curetage une synéchie utérine diagnostiquée puis opérée un an après (j'étais devenue stérile à 38 ans) : notre troisième fils est arrivé 3 ans après notre troisième fille. Je me souviens qu'après avoir dit pour la cinquième : « Tu l'as fait toute seule », mon mari n'était guère enthousiasmé par cette nouvelle d'un sixième en route (« Ce n'est pas vrai ??? » !) ; puis ça a été : « Tu veux faire Blanche Neige et les sept nains ? » : je n'osais pas trop lui avouer mon « retard », je n'ai annoncé ma septième grossesse qu'après deux mois, pour être raisonnablement sûre que « ça tenait ». Puis je crois (je n'avais pas voulu faire de test) que j'ai fait 2 fausses couches précoces à 7 puis 6 semaines : c'est ainsi que, vers 43 ans, j'ai compris que je n'aurais plus jamais d'enfant. Une nuit durant j'ai versé des torrents de larmes ! Mon mari un peu dépassé par ma fièvre procréatrice, avait très peur que nous n'ayons un enfant trisomique ou handicapé : aidé par quelques commentaires de l'entourage, il trouvait que nous défiions le sort, et que ce n'était pas très raisonnable de se

mettre dans les risques « alors que ça allait ». Il m'a dit par la suite s'être senti si comblé par son premier né, qu'il se serait bien arrêté là : mais il a été ravi à chaque naissance, et adore tous ses enfants !

Voici pour la petite histoire ! Ajoutez-y pour le décor et dans les champs une grande baraque impossible où vivre dans un fouillis de pièces délabrées et de chantier en cours ou arrêté entre deux crises d'endettement inextricable ; et un fort climat de frustration logistique, avec pour moi le sentiment de ne jamais y arriver ; j'ai dit : « Cinq enfants, c'était le maximum que je pouvais gérer, et 7 enfants, c'est le maximum auquel je peux survivre » ; je passe sur les aléas du métier (quoique pour élever sept enfants ce fut un grand défi), et sur mes difficultés à tenir la maison sans aide (aïe, aïe) ; sur les repas nuls, les tas et les monts : partout du linge dans tous ses états ; les courses en catastrophe et les papiers en souffrance accumulant mois et années de retard, et sur les ennuis conséquents ; sur les choix et les renoncements pour moi, nous, les enfants : nécessaires, mais pas toujours assumés dans la sérénité ; sur ma culpabilité à tous les tournants !

Car, au-delà de tout ça, j'ai toujours eu pleinement le sentiment très fort d'une richesse infinie, la richesse de la vie créée par la vie ; je n'ai pas été une mère parfaite, mais j'ai fait pour mes enfants ce que personne ne pouvait faire à ma place : initier leur conception, héberger leur élaboration, les mettre au monde. Au-delà d'une folle curiosité (« Comment sera le suivant ? »), je ne me sentais pas le droit de leur refuser ça. Si le premier avait pu arriver, en quoi le fait qu'il y en ait déjà quatre devait empêcher le cinquième d'exister : il n'y était pour rien, il avait sa place comme les autres ! C'était pour moi une évidence : je n'avais ni qualité ni droit à empêcher cela, le fait que je sois là impliquait le fait que je me mette à la disposition de l'enfant à venir : c'était très exactement : « Un enfant : s'il veut, quand il veut » et « mon corps est à lui » :

c'était très fort en moi. Je me souviens, vers mes 10-12 ans, avoir annoncé « tout savoir » de la procréation : ma mère m'a fait observer que c'était faux, puisque je ne savais rien de la contraception : je me suis dit : « Mais la contraception, ça ne sert à rien ! », et c'est ce que j'ai vécu. J'ai vécu cela comme un privilège : je n'étais pas dans la misère financière, et mon âge m'a évité de devoir me poser la question : je n'ai eu que 7 enfants, après tout !

Ce que j'ai vécu comme faisant partie d'une fratrie de 5 filles : la fierté d'être une famille nombreuse, le bonheur d'être « plusieurs » dans la famille, la fierté du côté atypique ; j'ai apprécié de ne pas être seule à avoir mes parents sur le dos : ça les a un peu dilués ! C'était de chouettes parents, mais j'aimais bien avoir ma vie à moi. J'ai conservé la haine du mot « aînée », que je n'emploie jamais ; au nom de ce concept (et d'autres du même type, mais celui-ci m'était destiné !), ma mère a créé et figé entre mes sœurs et moi des interactions relationnelles dont nous portons encore le poids, et où aucune de nous n'a trouvé son compte de respect et d'écoute. Ma mère est la reine de la différence affichée ou sournoise (« sournoise » convient mieux que « subtile »), et de l'étiquette apposée : je trouve que ce n'est pas une bonne façon pour faire vivre une fratrie dans la sérénité et le respect et mutuel. J'ai été figée dans une certaine typologie de caractère et certains schémas comportementaux où on m'attendait ouvertement, qui arrangeaient bien ma mère, lui permettaient d'en reconnaître et d'en distribuer d'autres à mes sœurs, et lui évitaient de se remettre en question. J'en ai énormément souffert, au niveau de mes relations dans la famille, et en ce que je ne reconnaissais que peu de choses bonnes en moi à travers ce regard et ses conséquences. Ma vie a été tissée avec un fil de culpabilité que je ne peux plus retirer.

J'ai tout de suite évité de reproduire cela dans la fratrie de mes enfants ; contrairement à ma mère que je n'ai jamais vu s'excuser ni se reconnaître responsable d'un quelconque préjudice envers quiconque, encore moins envers ses enfants, et encore moins envers moi, je me suis posée comme imparfaite, mais comme perfectible, et aimant mes enfants et cherchant à progresser avec eux ; je reviens facilement sur les côtés conflictuels et désagréables de notre vie commune, j'y reconnais mes torts, je n'hésite pas à présenter des excuses ; je me suis reconnue et affirmée dans une vie propre qui devait être respectée par eux, mais j'en ai eu autant à leur égard ; j'ai refusé de rentrer dans ce jeu de soutenir l'un contre l'autre, où ma mère m'a si souvent meurtrie ; il n'y a pas chez nous de privilège lié à l'ancienneté, ni de prétendue faiblesse du plus jeune qui devrait être soutenu face au plus vieux. Je suis persuadée que les parents sont responsables de la quasi-totalité des dissensions dans la fratrie, et que de leur naissance à leur dernier souffle, histoires d'argent et d'héritage incluses, frères et sœurs ne luttent entre eux que pour la possession de l'attention et de l'amour de leurs parents, et surtout de leur mère. »

Les familles recomposées

De plus en plus de couples se séparent. Après une période plus ou moins longue ils peuvent continuer leur vie avec un compagnon ou une compagne qui a déjà des enfants. C'est l'union de deux familles blessées, elles sont recousues et pleines de cicatrices.

Les enfants souffrent énormément de la séparation de leurs parents, leur réservoir affectif peut en être endommagé gravement. La difficulté vient du fait qu'ils sont loin d'être les seuls à avoir besoin de soutien, leurs parents aussi souffrent beaucoup de la situation, fréquemment conflictuelle. Beaucoup d'émotions sont à ce moment-là projetées sur les enfants, beaucoup de violence et de jugement de la part d'un de leur parent à propos de l'autre. Tout ceci les blesse profondément. Ils auront besoin d'être écoutés par quelqu'un qui sera disponible pour eux. Ils auront du chagrin et de la colère accumulée, parfois simplement parce qu'ils ne veulent pas déranger leurs parents.

Une fois la tempête de la séparation dépassée (au moins dans le temps, car ils mettront très longtemps à s'en remettre) voilà que le parent chez qui ils vivent trouve un nouveau compagnon pour partager sa vie. C'est un changement d'importance. Jusque-là ils avaient peut-être réussi à organiser leur vie avec un parent resté seul. Les voici de nouveau en lutte pour l'attention de leur parent contre le nouveau compagnon qui vient de faire son entrée. Les enfants de ces derniers ne seront pas toujours automatiquement adoptés. Cette situation est étonnante par certains côtés, mais elle peut permettre aux enfants de nombreuses expériences relationnelles très chaleureuses qu'ils ne regretteront pas forcément lorsqu'ils sont devenus adultes.

Ma fille aînée a été en contact avec les quatre enfants de mon conjoint lorsqu'elle avait dix mois. Elle qui était la première dans la fratrie de trois, se retrouvait dernière très régulièrement. Elle a créé des liens uniques avec des enfants qui n'ont aucun lien de sang avec elle. Aujourd'hui elle va très régulièrement les voir, elle n'a pas cassé ce lien-là : une des conséquences positives de la séparation pour elle.

Là encore, le bon sens pourrait présider, ne nous attendons pas à des réactions d'enthousiasme surréalistes. Une famille recomposée demande beaucoup d'écoute, d'attention et de considération pour les besoins des uns et des autres. Ce genre de famille est un défi pour chacun. Pour les parents d'abord : ils n'aimeront pas forcément les enfants de l'autre. Là encore, il s'agit d'un travail de découverte, de création de liens d'attachement dans des circonstances complexes, ils auront à gérer une forme familiale mouvante et évolutive, les enfants navigants entre leurs deux parents.

Ce qui m'a le plus aidé dans ce défi très particulier avec parfois sept enfants sous mon toit, c'est de ne pas vouloir remplacer la mère de mes enfants de cœur, de créer de bons liens avec cette dernière, d'apprendre à connaître les enfants individuellement, de me rendre compte que les êtres humains sont vraiment bienveillants par nature. Leurs souffrances sont seules responsables de leur dysfonctionnement, à quoi bon leur en faire reproche ?

Il n'y a pas plus de conflits de fratrie dans une famille recomposée que dans une famille où les enfants vivent avec leurs deux parents.

L'aspect positif de la famille recomposée est parfois le grand nombre d'enfants qui peuvent au fil du temps former une petite communauté dont les membres se soutiendront très efficacement.

7 Chacun de nos enfants veut être unique à nos yeux

La fratrie : une question de temps

Depuis le temps que je partage expériences, informations et outils avec des familles ayant fait des choix très différents les unes des autres, je me suis rendu compte que plus les frères et sœurs passent de temps ensemble, plus ils ont l'occasion de se connaître, de jouer, de vivre ensemble, plus ils sont proches et solidaires. Notre mode de vie ne facilite pas l'établissement des liens entre nos enfants. L'école les sépare prématurément. De plus, quand on est scolarisé, il devient obligatoire de fréquenter seulement les enfants de sa génération ou les plus grands. Les plus jeunes sont méprisés et humiliés.

Ces expériences relationnelles, dramatiquement pauvres, dans un lieu qui est bien loin de les socialiser, se répercutent sur le milieu familial. La compétition est exacerbée dans les établissements scolaires, ce qui a également un impact sur la vie de famille et les relations entre frères et sœurs à une époque où la vie des enfants se déroule presque entièrement à l'école. Le travail scolaire entraîne malheureusement, une réduction drastique des temps familiaux.

Il y a une grande différence pour les enfants non scolarisés. Nombreux sont les parents qui attestent que les relations entre leurs enfants se sont améliorées grandement lorsqu'ils les ont déscolarisés. Cela se conçoit aisément : le temps passé ensemble en est augmenté, il y a infiniment moins de compétition pour l'attention des parents qui est devenue abondante. Petits et grands enfants jouent ensemble sans a priori du fait de leur âge : ils vivent vraiment ensemble avec leurs parents. Mais qui aujourd'hui a la chance de vivre cette option ?

Bien plus de familles que vous ne l'imaginez, si ce choix de vie vous intéresse contactez-les associations concernées[22].

Portrait schématique de trois positions dans une fratrie

Pourquoi ces schémas ? Pour vous aider à comprendre mieux les difficultés de vos enfants, ou plutôt celles que nous projetons sur eux, même si les circonstances jouent également beaucoup dans le développement de ces conduites presque caricaturales.

[22] www.lesenfantsdabord.org

• **L'aîné**

C'est un enfant qui se conforme plus que les autres aux attentes de ses parents. La pression est grande sur ses épaules, il porte les espérances et les attentes de ses géniteurs. Il est souvent victime de l'inexpérience de ces derniers. À partir du moment où le second arrive, il est prié d'être responsable. Ce peut être une catastrophe affective qui le blessera pour longtemps.

Voici ce qu'écrit Simone de Beauvoir dans *Les Mémoires d'une jeune fille rangée,* parus en 1958 : « *En tant qu'aînée, je jouissais néanmoins de certains avantages [...] Reléguée à la place secondaire, la plus petite se sentait presque superflue. J'étais pour mes parents une expérience neuve : ma sœur avait bien plus de mal à les déconcerter et à les étonner : on ne m'avait comparée à personne, et sans cesse on la comparait à moi.* »

On peut supposer que cette place d'aînée n'était pas si facile à occuper, et cette valorisation au détriment d'une sœur plus jeune pourrait masquer une grande amertume. À cause des attentes de ses parents, l'aîné a parfois du mal à développer une solide estime de lui-même. C'est une personne très sociable portée vers les autres. D'après Bradshaw, l'aîné hérite de l'inconscient du père.

• **Le second, qu'on appelle aussi enfant du milieu**

Il a toujours vécu avec l'aîné depuis sa naissance. Il est, selon les circonstances, plus créatif et original que l'aîné, il est rebelle quelquefois. Comme je l'ai déjà évoqué, il est témoin de la violence des parents sur l'aîné, et il a peur de la subir à son tour. Si le troisième arrive précocement il n'aura que peu d'attention exclusive pour lui-même de la part de ses parents. Ceci peut le mettre en insécurité pour combler ses besoins affectifs. Il hérite de l'inconscient de sa mère, et se situe par rapport à elle.

• **Le troisième (et peut-être dernier)**
C'est un enfant dont on peut se demander à quel moment ses parents vont le voir comme grand et lui donner des responsabilités. Il peut être considéré à vie comme une sorte de bébé à qui on ne peut rien confier. Au contraire, il peut être aussi l'enfant le plus dégourdi et le plus proche de lui-même. C'est celui qui bénéficie des progrès personnels de ses parents. En même temps, il a tendance à se sentir écrasé physiquement par les deux enfants qui le précèdent. Il peut éprouver un grand sentiment d'impuissance.

Il serait responsable inconsciemment de la relation de couple de ses parents[23].

Sortir des *a priori*

Ces schémas correspondent parfois à une réalité, mais nous pouvons en sortir et ne pas mettre nos descendants dans ces « cases », à la condition de ne pas leur faire occuper ces rôles dès la naissance. Quels rôles occupent vos enfants? Une manière de retirer ces étiquettes et de leur faire décharger les émotions associées à leur position dans la fratrie, est d'inventer des jeux où ils occupent un rôle inverse de celui donné par les a priori. Vous pourriez proposer au plus jeune d'être le chef, le responsable d'une aventure au sein de laquelle le plus âgé est aussi celui dont il faut s'occuper sans cesse.

Vous pouvez inventer, j'en suis sûre, un grand nombre de jeux hilarants. Voici l'un de nos préférés: nous sommes généralement à table, tous ensemble, et nous décidons de jouer le rôle d'un autre membre de la famille. Je peux jouer le rôle de

[23] *La famille,* de John Bradshaw, Éditions sciences et culture.

ma dernière fille, mon compagnon jouer mon rôle, la seconde occuper la place de l'aînée, et ainsi de suite.

Je vous le recommande vivement, on rit beaucoup, on se voit de l'extérieur avec la perception de celui qui occupe notre place. En même temps, le fait de jouer le rôle d'un enfant nous permet de le comprendre mieux. Attention, ce jeu peut-être explosif, parce que nous forçons tous le trait. C'est cela qui est drôle, mais cela ne devrait pas tourner à la moquerie blessante. En général ce n'est pas le cas et ce jeu nous a fait passer d'excellents moments.

Quelques règles mathématiques relationnelles faciles à retenir

- Plus il y a d'enfants dans une famille, moins il y a d'attention de la part des parents pour chacun des enfants. Les plus grands, dans le cas de familles nombreuses, sont souvent capables de combler les besoins affectifs des plus jeunes.
- Une émotion non sortie est toujours présente chez l'individu et sera nuisible pour lui-même ou pour ses proches un jour ou l'autre.
- Toute colère reçue par l'aînée de la part de ses parents se répercutera sur le second, qui à son tour écrasera le dernier, jusqu'à l'animal familier qui est, dans ce cas, la dernière roue du carrosse et peut recevoir la rage du plus petit de la famille.
- L'inverse est vrai : toute manifestation de tendresse, de chaleur et d'attention pour l'aînée fera du bien à l'ensemble de la fratrie.
- Le conflit n'est pas un signe de désamour bien au contraire, il permet aux uns et aux autres de mieux se connaître.

- Donner la même chose c'est donner moins (celle-ci est directement tirée du livre *Jalousies et rivalités entre frères et sœurs*). Votre enfant a besoin d'être considéré comme un individu unique.
- Toute attente de votre part mettra vos enfants en compétition, un excès de règles aura la même conséquence : il y aura toujours celui qui fait mieux que l'autre pour obtenir votre attention et votre amour. Un amour inconditionnel met hors jeu la rivalité.
- Connaissez-vous la valse des pronoms personnels : « VOUS ne faites jamais ceci ou cela, VOUS laissez toujours vos affaires traîner. » Adressez-vous à celui ou celle qui est concerné, les autres n'y sont pour rien. Et apprenez à dire « JE » quand il s'agit de vous, et non pas un « NOUS » où vous englobez votre conjoint sans qu'il soit pour autant d'accord avec vous.
- Vos enfants ont besoin d'être considérés comme des individus et non comme un groupe. Adressez-vous à eux individuellement ! Ceci est d'autant plus vrai pour les jumeaux.
- Il y a lutte et compétition lorsqu'il y a récompense. Le domaine de la compétition n'est pas le domaine réservé des frères et sœurs. Si on enlève la récompense, la lutte n'a plus de raison d'être.
- S'il est essentiel de protéger le petit de la force physique du grand, il faudra penser un jour ou l'autre à protéger le grand du petit. Ne les obligez pas à jouer ensemble. D'autant moins si le grand reçoit des amis.
- Le plus jeune se sent quelquefois exclu des jeux des plus grands, c'est un sentiment très difficile à vivre.
- Parlez de vos enfants comme d'êtres différents qui ont chacun leurs manières d'être et leurs choix propres. Ceci ne consiste ni à les enfermer dans un rôle figé (l'emmerdeur, le colérique, la bonne poire, l'intello, le

sportif...), ni à les comparer. La comparaison, qu'elle soit faite à leur détriment ou en leur faveur, consiste à les amputer d'une partie d'eux-mêmes pour ne garder que ce qui nous convient. Ce sont des êtres en évolution permanente, aujourd'hui ils adorent les livres, demain, ils préféreront faire du monocycle toute la journée, à 25 ans ils auront peut-être choisi d'être dentiste, et à quarante délaisseront peut-être ce métier au profit de plus de temps passé avec leurs enfants.

- Accompagner nos enfants ne consiste pas à les mettre sur des rails pour être tranquille !
- N'oubliez pas que tout ce que vous avez fait pour eux en les aimant inconditionnellement, ils le répercuteront un jour ou l'autre sur leurs frères et sœurs.

Conclusion : pas quatre bras, mais un grand cœur !

C'est sur cette dernière règle que je voudrais conclure.

Les enfants, en grandissant, deviennent capables de remplir le réservoir affectif de leurs frères ou sœurs. Quand les parents traversent des moments de crise, ils peuvent survivre affectivement en se soutenant les uns les autres. Les disputes sont toujours là, mais la relation fraternelle est pleine de richesses. Nos petits apprennent comment aimer avec nous leurs parents, c'est ce que nous leur avons appris en vivant proche d'eux, en faisant évoluer notre conception de l'enfance, en apprenant quels sont leurs besoins, en considérant nos besoins de soutien en matière de parentalité. Tout au long de leur vie ce modèle familial imprégnera positivement toutes leurs formes de relations, y compris celles qu'ils vivront avec leurs propres enfants.

Agathe, ma fille aînée, vient d'avoir 18 ans. J'ai souhaité lui offrir un album de photos qui contient un peu de son histoire d'enfant. La sélection des clichés que j'ai dû faire, le temps passé à les classer, puis à les coller m'a mise face à mon existence avec elle. Dix-huit ans de ma vie, de notre vie, faites de petits détails, de jeux, de câlins. Les grands événements ne sont pas ce dont je me souviens le plus, et ce ne sont pas ceux qui l'ont construite telle qu'elle est aujourd'hui, toute prête à changer encore tout au long de son existence. Ce sont les petites choses, celles auxquelles on ne veut parfois pas accorder de temps ou d'importance, ce sont ces milliers de gestes d'impatience, d'amour, ces gestes protecteurs, qui ont fait notre vie. Je vous propose de les considérer avec un œil différent, comme s'ils faisaient l'essence de votre existence avec vos enfants. Ne les négligez pas, chaque minute qui passe ne reviendra pas. C'est aussi ce qui m'est venu à l'esprit lorsque j'ai fabriqué ce cadeau un peu spécial : il y a des choses pour Agathe et moi qui sont définitivement terminées. Et d'autres qui commencent !

C'est difficile d'être parents de plusieurs enfants, nous nous plaignons parfois : « Je n'ai pas quatre bras… » Vous n'avez pas quatre bras, mais un grand cœur ! Et je vous le souhaite de plus en plus grand ! Bonne chance…

Du même auteur aux Éditions Jouvence

➤ **Poser des limites à son enfant**

Catherine Dumonteil-Kremer

Comment inculquer à notre bambin quelques règles de vie, sans fondre devant ses caprices ? Des solutions existent pour maintenir la qualité du dialogue et mieux gérer notre relation avec notre enfant. Des solutions de surcroît ludiques et enrichissantes !

96 pages, 4,90 € / 9 CHF

À propos de l'auteur…

Catherine Dumonteil-Kremer propose des stages de soutien à la parentalité sur les thèmes "Frères et soeurs, du conflit à la rencontre" et "Vivre en famille".

Blog : cdumonteilkremer.com
Site : lamaisondelenfant.org
E-mail : catherinedumonteilkremer.com
Tél. : +33 (0)4 92 56 14 01

Achevé d'imprimer sur rotative par l'Imprimerie Darantiere à Dijon-Quetigny
en mai 2006 – Dépôt légal : mai 2006 – N° d'impression : 26-0865

Imprimé en France